子どもの**聞く力**を伸ばす

みじかい**おはなし**
56話

阿部 恵・編著

メイト

Contents ● ● ● ● ● ● ● ● ● ● ● ● ● ● ● ●

10〜12月のおはなし

1〜3月のおはなし

はじめに

　本書は、子どもたちの年齢や季節、場面に合わせて、2分から5分以内で語ることができる、みじかいお話を56話紹介しています。生活、行事、食べ物、昔話と毎日の中で、ちょっとした時間を見つけて、気軽に語ってほしいものです。

◆ 子どもたちとの密度の濃い心の交流ができます

　できたらみなさんに素話（すばなし）で語ってもらいたいと思っています。素話というのは、大人（語り手）が子どもたち（聞き手）に自分の語りだけで、お話を伝えることをいいます。表情や声に変化をつけたり、手振りを用いたりすることはありますが、本を見たり人形などを持ったりして語ることはありません。

　保育者は20〜30人の子どもたちの視線を一身に受けて語ることになります。逆に言うと、保育者は子どもたち一人ひとりの表情を見ながら語ることができます。子どもたちは、自分たちに向けられた大好きな保育者の眼差しを感じながら、安心してお話を楽しむことができます。

　近年、素話を語る保育者が少なくなっていますが、素話はたくさんある保育技術の中でももっともシンプルで、保育者のねがいが子どもたちの心に響くすばらしい技術、保育の基本とも考えています。

今日は、子ギツネの
ケンタのお話です。

▲お話で聞く・考える・話す力を育みましょう

　様々なお話がありますが、そこには「人生のすべてが含まれている」といっても過言ではありません。子どもたちは保育者のお話を聞きながら、想像の翼を広げて空想の世界であそびます。

　お話を楽しむということは、ただお話を聞いているのではありません。集中して様々な思考をめぐらせながら聞かないと楽しめません。別な言葉で表現するならお話を楽しめたということは、「よく理解できた」ということになります。この、相手の話を聞いて、よく理解し、自分の考えや思いを自分の言葉で話すことができることが大切で、子どもたちに身につけてほしいことなのです。

　聞く・考える・話すは別々のことではなく、ワンセットです。この力を、お話を楽しむことで育んでいきたいのです。

●『みじかいおはなし５６話』 の特色を生かしましょう

・お話でコミュニケーションの基本である「聞く力」「考える力」「話す力」を育むことができます。

・年間通して使えるラインナップですから、保育の中のちょっとした時間に生かせます。

・ポイントや解説、保育の中の展開例など、より楽しめる工夫がお話ごとにあります。

　本書がきっかけで素話を語る保育者が増えて、お話好きになった子どもたちから、「先生、今日はどんなお話？」「今度、もっと長いお話して！」という声がたくさんあがることを期待しています。

編著者　阿部　恵

お話じょうずになる
５つのポイント

❶ 『ねがい』をもって語りましょう

　お話のテーマを目の前の子どもたちに合わせて、具体的な『ねがい』にします。「クマくんのやさしさ、思いやりの気持ちを感じてほしいな……」。このようなねがいをいくつか込めて語りましょう。

❷ あらすじを覚えて語りましょう

「ある家、金魚のポポ、窓の外にこいのぼり……」と、お話のあらすじを覚えましょう。次に、スナップ写真のようにお話の場面を数枚、頭の中に描いておきます。これで、子どもたちに語ってみてください。暗記は不要です。

❸ お話の背景を想像してみましょう

「子ブタのぷうぷは元気でやさしい男の子。お父さんとお母さんは夫婦でレストランを経営。忙しくてぷうぷとあそんであげられない……」。このように物語の背景を想像しておくと、登場人物に合った声や情景に合った語りができます。

❹ 表情豊かに語りましょう

　表情豊かに、お話のポイントでちょっとした手振り（ジェスチャー）が入るとそれぞれの場面が生きてきます。「わー、きれいだな！」というセリフがあったら、両手を開いて顔の横に出して語ったら、実在感や臨場感が出てきますね。

❺ 保育の言葉で語りましょう

　リラックスして、一人ひとりに語り掛けるつもりで話しましょう。わかりやすい言葉、心地よいテンポは、ただお話が楽しめるだけでなく、子どもたちが話す際のお手本となります。

4〜6月

のおはなし

1話 空のお散歩

金魚が空のお散歩に。
子どもたちは想像の翼を大きく広げてお話を楽しみます。

3歳児～ **2～3分**

原作／百瀬洋子

　みなさんは金魚を見たことがありますか？（子どもたちの反応を確かめて）お家で飼っているお友だちもいるし、いろいろなところで見たことのあるお友だちもいますね。今日は、「ポポ」というかわいい金魚の出てくるお話です。

●間

　ここは、あるお家。金魚のポポが金魚鉢の中から、窓の外のこいのぼりを見ながら言いました。

★目線を斜め上にしてつぶやくように

　「私もこいのぼりのように、空を泳いでみたいな……」。すると、「おーい、一緒に泳ごうよ」と、どこからか声が聞こえてきました。

　「誰だろう？」。ポポが不思議に思ってキョロキョロしていると、「呼んだのは、ぼくだよ」と、目の前にこいのぼりが。いつの間にかポポもフワフワと空に浮いていました。

　「わあ、私も空を泳いでいる！」。ポポはびっくり！　こいのぼりと一緒に空のお散歩に出発です。

●間

　こいのぼりとポポがぐんぐん空を泳いでいくと、こいのぼりが白い雲の中に入っていきました。

　「わー、待ってよ」と、ポポもこいのぼりを追いかけて白い雲の中に入りました。

●少しの間

　「こいのぼりさん、みーつけた！」。ポポがこいのぼりのまわりの雲を見てみると、「まあ？　お菓子の形の雲がいっぱい」。

★順に三方を指差しながら

　ソフトクリームにドーナッツにキャンディ……。「おいしそうだね」。ポポとこいのぼりがお菓子の形をした雲を食べてみると、「おいしい！」「うん、おいしい！」。綿あめみたいで、とってもおいしかったんだって。

●間

　「いいな、いいな。ぼくたちも食べたいな」。友だちのこいのぼりもたくさん集まってきて、「ぱくぱく……。おいしいね」と、楽しいおやつになりました。

●間

　ポポがもうおなかいっぱいと思ったときには、もう金魚鉢の中。こいのぼりは元通り、窓の外で泳いでいます。

　二人は「また行こうね！」と、約束しましたよ。

おしまい

お話のポイント ・・・・・・・・・・・・・・・・・・・・・・・・

・ポポ（女の子）とこいのぼり（男の子）の会話に、声の変化をつけて楽しく語りましょう。

・導入に「金魚ちゃんとメダカちゃん」（作詞・作曲／不詳）の歌あそびをしてから、お話を始めてもよいでしょう。

・・

ぷうぷの家は
レストラン

家族みんなの思いやりの気持ちが、
聞いている子どもたちにも伝わります。

3歳児～　**2～3分**

原作／山本和子

　あるところに子ブタのぷうぷがいましたよ。ぷうぷの家はレストラン。お父さんはコックさんで、お母さんはウエイトレスさん。二人は毎日大忙しです。

　「もっとお父さんやお母さんと一緒にあそびたいなあ」。ぷうぷはいつも思っていました。

●少しの間

　今日はレストランのお休みの日。ぷうぷはうれしくて、「わーい、お父さんあそぼう！」。でもお父さんは「ごめん、ごめん。今、忙しいんだ」と、かごを抱えて調理場に入っていきます。

　「ねえ、お母さんあそぼう！」。今度はお母さんに言いました。でもお母さんも「あら、ごめんなさい。今忙しいの。それから、お母さんのお部屋に入っちゃだめよ」と、言いました。せっかくのお休みなのに、お父さんもお母さんも、ぷうぷとあそんでくれません。

★ちょっと腹を立てた口調で

　「いいよ。ぼく、一人でもあそべるもん。お父さんもお母さんも嫌いだもん」。ぷうぷは一人で外へ出かけました。そして、丘のてっぺんまでやってくると、持ってきた紙飛行機を家のほうに向けて「えいっ！」と、飛ばしました。そのとき、ぷうぷの家のレストランの煙突から煙が出ているのに気がつきました。

★急に気づいたように

　「あれ？　今日はお休みじゃなかったんだ……。そうだ、ぼく家に帰ってお手伝いをしようっと！」。ぷうぷは走ってレストランに帰りました。

●間

　レストランに着くとぷうぷはびっくり！　お父さんがごちそうを作って、ぷうぷを待っていました。ハンバーガーにエビフライ、サラダにケーキと、ぷうぷの好きなものばかりです。お母さんもぷうぷのためにかわいいこいのぼりを作ってくれました。

　「今日はこどもの日だからね。ぷうぷのために作ったんだよ」。お父さんとお母さんはにこにこ。

★うれしそうに

　ぷうぷもにこにこ。

　「だから二人とも忙しかったんだね。わーい、お父さん大好き！　お母さん大好き！」。ぷうぷとお父さんとお母さんは、こいのぼりを眺めながら、仲よくごちそうを食べたということですよ。

おしまい

お話のポイント　・・・・・・・・・・・・・・・・・・・・

・登場人物の気持ちになって、表情豊かに語りましょう。

・お父さんやお母さんがぷうぷの誘いを断る場面や、ぷうぷ
　が丘のてっぺんから紙飛行機を飛ばす場面はジェスチャー
　を入れてみましょう。いずれもあとの展開の伏線になります。

3話

みんなでうたおう

雨雲さんとカエルたちの楽しい合唱。
子どもたちと一緒にうたいましょう。

3歳児〜 **2〜3分**

原作／長谷川弓子

　このところ雨の日が続いていますね。（子どもたちの反応を受けて）そうだね、梅雨なので雨が降るんだよね。その梅雨に雨を降らすのが雨雲です。

★セリフの部分は額に片手をかざし、空の上から下界を見回すように

　雨雲さんがお空を散歩しています。「今日はどこに雨を降らせようかな……」。キョロキョロと眺めていると、野原のほうから歌声が聞こえてきました。

●少しの間

　雨雲さんが野原に降りるとカエルたちが歌の練習をしていました。

♪ケロッ　ケロッ　ケロロン！　ケロッ　ケロッ　ケロッ　ケロッ　ケロロン！♪

★感情を込めて

　「楽しそうだなあー。やあ、とってもいい歌声ですね」「あっ、雨雲さん、こんにちは。よかったら、ぼくたちと一緒にうたいませんか？」「えっ、ぼくも仲間に入れてくれるの？」。雨雲さんはうれしそう。「うん、そうだよ。でも、その前に雨雲さんの歌も聞きたいな」と、カエルたちが言いました。

●少しの間

　はずかしがりやの雨雲さんは、ちょっとびっくり。「ぼくの歌……、こんなのはどうかな？」。すると、雨が降り始めました。

♪ポトーン　ピトーン　ポロロン

　ポトーン　ピトーン　ポトーン　ピトーン　ポロロン……♪

　花や葉っぱに雨粒が当たると、きれいな音が響きます。

★感情を込めて

「うわあ！　雨雲さん、すてきな歌だね」。カエルたちはうっとり聞いています。

今度はみんな一緒に合唱です。

♪ケロッ　ケロッ　ケロロン！　ポトーン　ピトーン　ポロロン……♪

●少しの間

カエルたちと雨雲さん、みんなの声が一緒になって、すてきな歌になりました。

おしまい

お話のポイント　・・・・・・・・・・・・・・・・・・・・・・・

・カエルや雨雲の歌を魅力的にうたいましょう。

・最後の一行は余韻が残るように、テンポを落としてゆっくりと「おしまい」にしま

　しょう。

・お話のあとに「かえるの合唱」（作詞／岡本敏明　ドイツ曲）や「あ

　まだれぽったん」（作詞・作曲／一宮道子）をうたうこともできま

　すね。

・お話を聞いたあとでペープサートにして、再びお話を楽しんでもよ

　いでしょう。※型紙はP.32にあります。

・・・・・・・・・・・・・・・・・・・・・・・・・・・・・・・・・

13

4〜6月

4話 雨が大好きぽことぱこ

雨の日が楽しくなるかわいいお話。
梅雨の自然にも子どもたちの関心が向きます。

3歳児〜　**2〜3分**　　　　　原作／やすい すえこ

　みんなは長ぐつを持っていますか。（子どもたちの反応を確かめて）今日のお話に出
てくるまいちゃんも、お気に入りの長ぐつを持っていましたよ。
●間
　ぽことぱこは、まいちゃんのお気に入りの長ぐつです。今日は朝から雨。長ぐつのぽ
ことぱこは、まいちゃんと一緒になかよし園に行きます。ぽことぱこはまいちゃんがお
母さんと玄関から出ると、うれしくなってうたいだしました。
♪ぽこぱこ　あめのひ　うれしいな　ぽこぱこ　あめのひ　うれしいな♪
●少しの間
　公園を通ったときです。「ああ、冷たい。雨は嫌だなあ」。すべり台の下で雨宿りをし
ているネコが言いました。
★がっかりした様子で
　それを聞いたぽことぱこは、しょんぼり。「ネコさんは、雨が嫌なのね」。
　すると近くの池にいたカエルが、ぴょんぴょん跳んできて「雨はとってもいい気持ち。
いい気持ちでうたいたくなるよ」。
♪けろけろけろーり　けろけろけろーり♪
　それを見ていたアジサイの花も言いました。「雨はとっても楽しいわ。雨と一緒に踊
りたくなるの」。
♪ぴっちんつん　つんつんつん　ぴっちんつん　つんつんつん♪
●少しの間
　ぽことぱこはまた元気が出てきました。

★うれしそうに

　「雨の日がうれしい友だちもいるんだね」「うん、よかったね」。ぽことぱこはそう言い合うと、

　♪ぽこぱこ　あめのひ　うれしいな　ぽこぱこ　あめのひ　うれしいな♪

と、またうたいながら、まいちゃんと一緒になかよし園へ行きました。

●間

　そして、なかよし園についてしばらくしたら、雨があがりました。まいちゃんは先生やお友だちと外に出ました。ぽことぱこも一緒です。

★空を見あげて指差しながら

　「あっ、虹が出てる！」。雨があがった空に、大きな虹がかかっています。ぽことぱこはにっこり。「きっと、空も雨がうれしかったんだね」と言いました。

　　　　　　　　　　　　　　　　　　　　　　　　　　　　　　おしまい

お話のポイント　・・・・・・・・・・・・・・・・・・・・・・・・・・・・・

・緩急をつけながら楽しく語ります。♪ぽこぱこ　あめのひ　うれしいな　ぽこぱこ
　あめのひ　うれしいな♪♪けろけろけろーり　けろけろけろー
　り♪などはリズミカルに表現するとよいでしょう。

・黒板やスケッチブックなどに、長ぐつのぽことぱこのイラストを
　描いてお話すると、子どもたちのイメージがわきやすくなります。

15

クルンとこいのぼり

クルンは友だちとあそぶのに夢中で、
元気にたなびいているこいのぼりをちっとも見てくれません。

4歳児〜　**3〜4分**　　　　　　　　　　　　原作／矢部美智代

子グマのクルンのお話です。

●少しの間

もうすぐこどもの日。子グマのクルンの家には、こいのぼりがあがっています。風に、はたはたたなびきながら、こいのぼりは「えっへん。元気がいいだろう」と、得意そう。

●少しの間

ところが、クルンは友だちとあそぶのに一生懸命で、こいのぼりがどんなに元気にたなびいても、ちっとも見てくれません。

★悲しそうに

「もっと見てよ、ぼくのこと」。こいのぼりは悲しくなって空を見あげました。

空にはクマの形やウサギの形、魚の形をした雲が流れていきます。「あっ、いいな。ぼくも雲みたいに、空を泳ぎたいな」。そう思ったときです。

★聞いている子どもたちが、情景を描けるようにテンポよく

びゅうっ！　と強い風が吹くと、ぷつんとひもが切れて、こいのぼりは空へと飛び出しました。「わーい。ぼく空を飛んでいるよ！」。こいのぼりはうれしくなりました。

●間

ところが、すいすいと空を飛んでいくこいのぼりに気がついたクルンは、びっくり。

★斜め前くらいに手を挙げて、飛んでいくこいのぼりをとどめるように

「あれー、ぼくのこいのぼり。どこへ行くのー？　待ってよう」。クルンは、こいのぼりのあとを追いかけていきます。

「わーい、いい気持ち」。こいのぼりは風に乗って、どんどん飛んでいきます。

●少しの間

しばらくすると急に風がやんで、こいのぼりはひらひらひゅーんと、空から原っぱへ落ちました。

★困って泣きそうな声で

「空はいい気持ちだったけど、こんなところで一人ぼっちはさびしいよう」。こいのぼりはさびしくて、泣き出しそうになりました。

●間

「あーっ、ぼくのこいのぼり。こんなところまで、飛んできたんだ」。あとから追いかけてきたクルンが、やっと原っぱにやってきました。「もう、どこにも行かないでね」。クルンはこいのぼりにそう言いました。

●少しの間

こいのぼりは元通り、クルンの家に帰りました。そして、またうれしそうに、はたはたはた、ひらひらひらと元気いっぱいに風にたなびいています。

おしまい

お話のポイント　• •

・こいのぼりとクルンの心情を、セリフの中に込めて表現します。

・園で泳いでいるこいのぼりも、慣れると気にしなくなることもありますから、子どもたちと「園のこいのぼりさんも、みんなが見てくれなくてさみしがっているかもしれないから、○○組さんもときどき見てあげるようにしたいね」などと話してみましょう。

6話

遠足に行ったてるくん

てるてるぼうずのてるくんが夜中に遠足に……。
子どもたちの遠足への期待も高まります。

4歳児〜　**3〜4分**　　　　　原作／なわの しずえ

　あるところに、みんなと同じ年のまりちゃんという女の子がいましたよ。
●少しの間
　まりちゃんは明日、遠足です。「いいお天気にしてね」。まりちゃんはベッドに入る前に、窓につるしたてるてるぼうずのてるくんにお願いをして眠りました。
●間
　「いいな、いいな。ぼくも遠足に行きたいよー」。てるくんは、ピョンと暗い外へ飛び出しました。「イヌさん。ぼくと遠足に行かない？」。でも庭のイヌは犬小屋でクースーと眠っています。「ネコさん。ぼくと遠足に行かない？」。ネコも塀の上でムニャニャー。「仕方がないや。ぼく一人で行こう」。
★両手を斜め下にすそのように広げながら
　ヒュルルーン。てるくんは、風に乗ってふわふわ空を飛びます。「らくちん、らくちん」。すると……。「てるくん、こんばんは」。てるくんに話しかけたのは、てるくんそっくりの別のてるてるぼうず。
★周囲を見まわしながら
　よく見ると、まわりにはたくさんのてるてるぼうずたちが集まっていました。「ここは、丘の上の遊園地。みんな、こっそり家を抜け出して集まったんだよ」「今日は楽しい遠足だ」「てるてるぼうずの遠足だ」。てるてるぼうずたちはうれしそうにはしゃいでいます。クルクルまわるコーヒーカップ。メリーゴーラウンド。ハラハラドキドキのジェットコースター。みんな、仲よくララランラン。うたって、踊ってランランラン。「おもしろいなー。楽しいなー」。

●少しの間

　てるくんたちがあそんでいると、「てるてるぼうずたち、うるさいぞ〜！」。怒り出したのはお空の雨雲。急にぽつぽつと雨を降らし始めました。「大変だあ、みんな集まってー」。てるくんの合図でみんなが集まりました。

★両手ですそをパタパタ動かすジェスチャーを入れながら

　そしてすそをパタパタさせて、一斉に風を起こしました。翼のように、パタパタパタ。うちわのように、パタパタパタ。

★懸命の願いを表現する

　「雨雲さーん、お願い！　明日、まりちゃんたちの遠足だから、遠い所へ引っ越してー」。てるくんが雨雲さんにお願いすると、「ちぇっ、仕方がないなあ……おや、らくちん、らくちん」と、雨雲はみんなの起こした風に乗って、どこかへ行ってしまいました。

●間

　次の日の朝になりました。今日はお日さまにこにこ、いい天気です。

★にこやかに

　「てるくん、お天気にしてくれてありがとう」。まりちゃんは、うれしそうに遠足に出かけていきました。

●少しの間

　「ああ、よかった！」。てるくんはホッとして、窓にぶらさがったままぐっすりおやすみです。てるくん、きっと楽しかった遠足の夢を見ているのでしょうね。

おしまい

お話のポイント

・てるくんと仲間が風を起こし、雨雲に引っ越してもらう場面が山場です。雨雲は低い声を意識して少し下に向かって語り、てるくんが雨雲に呼びかけるときは視線を少し上にしてお願いすると臨場感が出ます。

・「次の日の朝に……」は、明るい声で期待いっぱいに語りましょう。実際の遠足への期待感も高まりますから、子どもたちとてるてるぼうず作りもできますね。

お母さん　あ・そ・ぼ

子グマのまぐくんのやさしい思いが、
お父さんやお母さんにも伝わります。

4歳児～　　3～4分

原作／岡 信子

　子グマのまぐくんのお話です。

●少しの間

　まぐのお母さんは、いつも大忙しです。今日も朝からお皿洗い、ふとん干し、お掃除、洗濯、お買い物。まぐは、せっせと働くお母さんを見て考えました。

★考える、ひらめくジェスチャーを入れながら

　「いつも忙しいお母さんを、あそばせてあげたいな。そうだ、いいことがある。お父さんに応援、頼もうっと」。

●間

　まぐはお父さんに言いました。「ねえ、お父さん。ぼく、お母さんと一緒にあそびたいの。それで、作ってもらいたいものがあるんだけど」。お父さんは「何を作るんだい」と、言いました。

★ひそひそ話のジェスチャーをしながら

　「あのね、それはね、こちょこちょ……」。まぐはお父さんの耳に内緒話。「そうか、よしよし」。

　さっそく、お父さんは大工さんに変身。丸太んぼうをかついでくると、のこぎりでごしごしごし。金づちでとんとんとん。まぐもそばで、ごしごしとんとん、お手伝い。しばらくすると、「さあ、できたぞ！」「わあ、りっぱなシーソーだ。お父さん、うまいね。ありがとう」。まぐは大喜びでお母さんを呼びました。「お母さん、あ・そ・ぼ」。

●少しの間

　お母さんが庭にやってきました。「はいはい。あら、すてきなシーソーね」「一緒にあ

そぼう。お母さんはあっちに乗って。ぼくはこっちに……」「私、一度、シーソーに乗ってみたかったの。うふふふっ、うれしい！」。お母さんはニッコニッコしてシーソーにまたがりました。

●間

　ところが、シーソーはびくともしません。まぐは上にあがったきりで、お母さんはさがったきり。「お母さんが重すぎて、ぼくが軽すぎるんだ。お母さんとあそぶ作戦は失敗だ」。二人ががっかりして、シーソーをおりようとしたとき。「ちょっと待って！」。

●少しの間

　お父さんがやってきました。「仲間に入れておくれ」。今度はお母さんとまぐがシーソーの片側に一緒に乗りました。そして向かい側には、どっしり大きなお父さんが乗りました。

★シーソーの動きに合わせたテンポで

　ぎったん ばっこん シ—— ソ——。ぎったん ばっこん シ—— ソ——。ぎったん ばっこん シ—— ソ——。

　「わーい、高いぞ高いぞ」「あははっ……」「うふふふっ……」。まぐの家の庭は、みんなの楽しい笑い声でいっぱいになりました。

　　　　　　　　　　　　　　　　　　　　　　　　　　　　　おしまい

お話のポイント ・・・・・・・・・・・・・・・・・・・・・

・クマの親子がシーソーに乗って楽しそうにこいでいる情景が、聞いている子どもたちに伝わるように、ていねいに語りましょう。

・「母の日」に合わせてお話をして、それからお母さんの似顔絵を描いたり、プレゼント作りをしたら、思いやりのあるやさしい作品になりそうですね。

クジラが森に
やってきた

森の歯医者さんのところへクジラがやってきました。
ネズミのちゅう先生と動物たちの活躍で……。

4歳児〜　**4〜5分**

原作／塩田守男

　ある森の、ある朝のこと。ネズミの歯医者さん、ちゅう先生が朝ごはんを食べていた
ときです。ズッシンズッシンと、すごい地響きがしました。「地震だ！」。ネズミのちゅ
う先生が慌てて外に出てみると……。

●少しの間

　ウォーン、ウォーン大きなうなり声。そして大粒の雨が上のほうからボタボタ降って
きました。見あげてみるとそこにいたのはクジラ。雨だと思ったのは涙で、クジラが大
きな声で泣いています。

★斜め上を見ながら、びっくりした様子で

　「わわわっ！　クジラくんじゃないか。どうしたんだい？」。

★斜め下を見ながら、泣きそうな声で

　「先生、歯が痛くて何も食べられません。助けてください」。

●少しの間

　ちゅう先生は診察する道具を持って、大きな大きなクジラの口の中に入っていきまし
た。「あっちもこっちも虫歯だらけだ。さては、歯みがきをしていないな」。ちゅう先生
はすぐに治療を始めました。でも……。「困ったな。どうしても抜かないといけないの
が1本あるぞ」。ちゅう先生も今までこんなに大きな歯を抜いたことはありません。体
の小さなちゅう先生一人ではとても無理です。

●少しの間

　病院の前には、森中の動物たちが心配して集まってきていました。ちゅう先生はみん
なに言いました。「ちょっと手伝ってくれないかね」。みんなは「いいよ、いいよ」と、

手伝うことにしました。

●少しの間

　ちゅう先生はまず長いひもを用意しました。そしてその長いひもの端を、カバさんとゾウさんの体に結びました。もう一方の端をクジラの虫歯に結ぶと、準備完了です。

★臨場感を出しながら

　「いいかい、カバさん、ゾウさん。力いっぱい走ってくれよ。では、よーいどん！」。二人は池に向かって走り出しました。ひもがぴーんと張ったところで、ふたりは池にドッボーン。すると、ひものもう片方に結ばれていた大きな虫歯がスッポーンと抜けました。

●間

　それから、森は大騒ぎ。みんなで大きな木を倒すと、のこぎりでギコギコギコ、かんなでシュシュシュ。そこにキツツキさんがコンコンコン、と次々と穴を開けます。そして「君たちの長い毛を少しもらうよ」と、ちゅう先生はライオンさんの頭の毛や、キリンさんのたてがみをチョキチョキとはさみで切りました。キツツキさんの開けた穴にみんなから分けてもらった毛を差し込んで、木の形を整えて……。

●少しの間

　できあがったのは、クジラ用の大きな歯ブラシでした。「食べたらこれでよくみがくんだよ」と、ちゅう先生。みんなからのプレゼントに、「先生、みなさん、ありがとう」。クジラは歯ブラシを抱えると、潮をビュー、ビュー、ビューと、何度も吹きあげながら、うれしそうに海へと帰っていきました。

おしまい

お話のポイント

・大きなクジラと小さなネズミの歯医者さん、森の動物たちの心温まるお話です。クジラの大きさとネズミの小ささ、虫歯を抜く場面など、聞いている子どもたちがイメージできるように、ゆっくりとていねいに語りましょう。

・6月4日から「歯と口の健康週間」が始まります。お話をきっかけに歯みがきの大切さを話し合ってみましょう。

ふわふわパンの秘密

こいのぼりが青空を元気に泳げるのは……。
今まで知らなかった秘密が明かされます。

5歳児〜　4〜5分

原作／山本省三

★子どもたちが情景をイメージできるように、ゆっくり語る

　森の奥に誰も知らない小さな沼がありました。沼のほとりには、一軒の古い家が建っています。いつもはひっそりとしているその家の煙突から、今日は煙がもくもくあがっています。ドアの隙間からは、パンの焼けるいいにおいがしてきます。

●少しの間

　「ああ、忙しい、忙しい」。家の中では、ひげを生やしたおじさんが、パンの生地を一生懸命こねています。森の動物たちもお手伝いをしています。「もう、焼けたかな」。ウサギがオーブンのふたを開けると、これは不思議、不思議。

★両手でパンの形を作り、ふわふわと目の前で動かしながら

　ふわふわとパンが浮かびながら、次々とオーブンから飛び出してきたではありませんか。

●少しの間

　夜になると、おじさんと動物たちは、家じゅうの窓という窓を開けて言いました。「さあ、パンよ。飛んでけー」「さあ、パンよ。飛んでけー」。たくさんのパンが夜空に吸い込まれるように飛んでいきます。ふわっ、ふわっ、ふわっ。

　まるで雲のように、パンは風に乗って町のほうへ、ふわっ、ふわっ、ふわっ。それをこいのぼりたちが見つけました。

★うれしそうに

　「あっ、おじさんのパンだ」「待ちに待ったパンだ」。あちこちの家のこいのぼりが、大きな口でパンをぱくっぱくっ、ぱくっぱくっ。

●少しの間

　そうです。おじさんは、ふわふわパンをこいのぼりに食べさせるためにこしらえていたのです。

●間

　あくる日、こいのぼりたちは青空を気持ちよさそうに泳ぎながら、こんな話をしています。「子どもたちは知らないだろうな。昼間、ぼくらが元気に泳げるのは、夜、おじさんの作ってくれたあのパンを食べているからだってこと」「ほんと、はらぺこじゃ、こんなにしっぽを動かせないものね」。

●間

　やがて、こどもの日が過ぎると、おじさんの仕事もおしまいになります。「やれやれ、また来年も頼むよ」。おじさんはパン作りを手伝ってくれた動物たちにぺこりと頭をさげると、家のドアに鍵をかけました。

●少しの間

　それからおじさんは、なんと沼へザッバーンと勢いよく飛び込みました。

　水しぶきと一緒に、おじさんはあっという間に消えてしまいました。

★だんだんとテンポを落としながら

　そしてあとには、ゆったりと泳ぐ1匹の金色のコイの姿がありました。

おしまい

お話のポイント　・・・・・・・・・・・・・・・・・・・・・・

・おじさんの作ったふわふわパンが空中に浮かぶ場面を、ジェスチャーで表現してみましょう。

・最後は、ゆったりと泳ぐ1匹の金色のコイをイメージしながら、余韻を残して終わります。

・子どもたちから「ひげを生やしたおじさんは、金色のコイだったんだよ」といった声が出たら、「そうかもしれないね」と、うなずいてあげましょう。

・・・・・・・・・・・・・・・・・・・・・・・・・・・・・・

10話 ぴととん ぴっとん

雨粒のぴっとんと元気な男の子かーくんのお話。
こんなお友だちもできたらいいですね。

5歳児〜　4〜5分

原作／板橋敦子

　かーくんは元気な男の子です。公園からお家への帰り道、かーくんの頭の上にぴととん！　と何かが落ちました。「きゃはは……、くすぐったい」。かーくんが頭をぶるるっと振ると──。

★少し高い声で

　「ぼく、ぴっとん。雨の粒だよ」。落ちてきたのは小さな雨粒でした。「雨？　こんなに晴れてるのに？」。かーくんは空を見あげました。「うん……。実は慌ててぼくだけ先に降りてきちゃったんだ。みんな、もうすぐ来ると思うんだけど」「──ってことは、雨が降るの？」「うん……、多分」。ぴっとんが言うとかーくんはびっくり。「ぼく、今、傘持ってないよ。急いで帰らなくっちゃ」。

●少しの間

　かーくんはぴっとんを家に連れて帰りました。「みんなが空から降りてくるまで、ここで待つといいよ。おやつ食べる？」。かーくんが言いました。

★視線を横に移し、何かを見つけたように

　「うん。──あれ？」。ぴっとんは窓際にある植木鉢の、ぐったりとした花を見ています。「かーくん、あの花、元気がないね。水が足りないの？」。ぴっとんは花のそばへ寄っていくと……。そっと花にさわって言いました。「ぴととんぴととん、ぴととんとん！」。

●少しの間

　すると、みるみる花は元気になりました。「いけない。水をあげるの忘れてたよ。ぴっとんってすごいね」「てへへ……」と、ぴっとんは照れ笑い。

　ぴっとんはかーくんに、海や川の話をしました。海の水になって、暖かい南の島まで行ったこと。川の水になったときは、ウサギたちと追いかけっこをしたこと。「ぼく、いろんなところに行ったんだ。でも一人ぼっちは初めて……」「だいじょうぶ、みんなきっと来るよ」。かーくんはそう言うと、てるてるぼうずを作って逆さにつりました。「これね、雨が降るおまじないさ」。そうしていつの間にか、かーくんもぴっとんも、うとうと、うとうと……。

●間

　どれくらいの時間がたったでしょう。ぴっとん！「──この音は？」。ぴととんぴっとん！「あっ、みんな来た。ぼくを呼んでる」。外は雨。雨粒がたくさん落ちてきたのが見えます。ぴっとんは起きあがると、「かーくん、ありがとう。また会おうね」。そう言って窓の外へぴょーんと出ていきました。「よかったね、ぴっとん。みんなに会えて」。

●少しの間

　かーくんには、ぴととん、ぴととんと降る雨が、ぴっとんたちの歌声のように聞こえました。

おしまい

お話のポイント

・ぴっとんは雨粒ですから、小ささを意識して手の上やテーブルの上で会話をすると
　設定してもよいでしょう。会話がしやすくなります。
・最後はかーくんの心情を表現できるようにテンポを落として静かに
　終わります。

11話

困った
サンドイッチさま

私たちがおいしく食べている
サンドイッチのいわれが明かされます。

4歳児〜 **3〜4分**

原作／戸田和代

　昔、イギリスという国に、サンドイッチ伯爵という人がいました。サンドイッチ伯爵は、トランプが大好き。「サンドイッチさま、お食事の時間ですよ」と、召し使いが言っても、「トランプが終わってから」。「サンドイッチさま、お休みの時間ですよ」と言っても、「まだ眠くない」と言って、朝から晩までトランプばかり。「困ったもんだ」と、召し使いはいつも思っていました。

●少しの間

　ある日、召し使いがあきれて部屋を出ようとすると、「グウウッー！」。それは伯爵のおなかの鳴った音。サンドイッチ伯爵は考えました。「もうおなかがぺこぺこ。でも、トランプはやめたくないし……。そうだ！　食事をここに運んでくれ」「かしこまりました」。召し使いが食事を運んできました。

★片方の手にトランプ、もう片方の手にナイフを持って切ろうとしているジェスチャーで

　ところが、せっかく食事が来ても手にはトランプを持っているので、ナイフとフォークが使えません。「うーん、どうしたものか。何かよい方法は……」と、考えました。そこで伯爵は、テーブルに並んでいる肉や野菜を全部、パンにはさみました。

★片方の手にトランプ、もう片方で肉や野菜をはさんだパンを食べるジェスチャーをしながら

　そして、それを片手で持ってぱくり。「これはいい。トランプも食事も、いっぺんにできるぞ。これから毎日、こうしよう」。

●間

そんなわけで、みんなの大好きなサンドイッチはこの伯爵が考えたのです。だから名前も『サンドイッチ』って言うんだよ。みんなはどんなサンドイッチが好きですか？

★子どもたちの反応を確かめて

　いろいろなサンドイッチがありましたね。どうしてサンドイッチの名前がついたのか、お家の方にも教えてあげてね。

おしまい

参考 サンドイッチに代表されるような、パンに具材をはさんで食べるという食習慣は、古代ローマ時代にすでにあったとも言われています。サンドイッチという名前は、イギリスの貴族、第4代サンドウィッチ伯爵ジョン・モンタギュー（1718-1792）の名前にちなんでつけられ、現在でも私たちの身近な食べ物として親しまれています。

お話のポイント

・お話の最後の「いろいろなサンドイッチがありましたね〜」の部分を後話（結び）と言います。全部につけるわけではありませんが、このような話のときにはつけてみてもよいでしょう。また、お話の最初に「みなさんは『三匹の子ブタ』や『ジャックと豆の木』のお話を知っていますね。両方ともイギリスという国の昔話です。今日は、その国のお話です」などと語り始めるとしたら、この部分を前話（導入）と言います。

12話

ショウブ飾りの 始まり

5月5日の端午の節句。ショウブを飾ったり
ショウブ湯に入ったりしますね。そのいわれは……。

4歳児〜　　**4〜5分**

日本昔話　再話／木暮正夫

　昔、あるところに「ごはんを食べる嫁さんなどいらん」という、とってもけちな若者がいました。

●少しの間

　ある日、若者のところに、どこからかやさしそうな女の人がやってきて言いました。「ごはんを食べませんから、どうかお嫁にしてください」「うん、飯をくわないならいいだろう」と、女の人は若者のお嫁さんになりました。

●少しの間

　ところが、その日から家のお米がどんどん減っていきます。若者は不思議に思い、仕事に出かけるふりをして家の屋根裏に登って、こっそり様子を見ることにしました。

★両手でおにぎりを食べるジェスチャーを入れながら

　すると、お嫁さんはお釜にたくさんあったごはんを全部おにぎりにして、「ああ、おいしい！　おいしい、おいしい……」と、一粒残らず食べてしまいました。

●間

　「このうそつきめ。出ていけ！」。若者が怒ると、お嫁さんはみるみるオニの顔を現して、「よくも見たな！」と、若者を木の風呂桶に押し込み、ふたをして上から縄をかけてしまいました。

　オニはその風呂桶をかついで、山のすみかへ走り出しました。「このままでは食べられてしまう……」。若者は風呂桶から手を伸ばして、木の枝に飛びついて抜け出しました。オニはすぐには気がつきません。山奥へずんずん走っていきます。

●少しの間

　「おやっ、なんだか軽くなったぞ」。オニは途中で風呂桶をおろすと、ふたを開けてみ

ました。「ややっ、からっぽ！　よくも逃げたな。だが、そのへんに隠れているはず。見つけ出してつかまえなくては──」。オニはまっしぐらに戻っていきました。

●間

　オニが戻っていくと、ショウブの草むらがありました。若者はその草むらで震えています。「いたいた。隠れてもむだじゃ」。オニはショウブの草むらに腕を伸ばしました。ところがショウブは刀のように先の細い葉っぱとオニの嫌いな強い香りで若者を守り続けます。「うーん、チクチク痛くて、くさいこのにおいは嫌いだ。残念だがあきらめよう」。

●間

　オニから若者を守ったショウブの話を聞いた人たちは、「男の子のお節句には、ショウブを飾ってオニ除けにしよう」と、決めました。そしてこの日には、ショウブを浮かべたおふろにも入るようになったと言うことですよ。

おしまい

参考　端午の節句は奈良時代から続く五節句の一つです。五節句は季節の変わり目にあたり邪気をはらう、という目的があり、それぞれ季節の植物と密接にかかわっています。ショウブは薬効があり、現代でもヨモギとともに軒下につるしたり、湯船に入れたりして厄除けに使われています。

お話のポイント ・・・・・・・・・・・・・・・・・・・・

・若者のところにやってきたときの女の人はやさしい声で、若者に見破られてオニの
　本性を現してからは、荒々しい声でと、変化をつけて語りましょう。

・お話を聞いたあと、本物のショウブを用意して、刀のように先の細
　い葉っぱやオニの嫌いなにおいを確かめてみてもよいでしょう。

・・・・・・・・・・・・・・・・・・・・・・・・・・・・・・・・

31

p.12〜13
「みんなでうたおう」
★演じやすい大きさにコピーして使用してください。

カエル〈表〉　　　　　　　　　　カエル〈裏〉

雲〈表〉　　　　　　　　　　　　雲〈裏〉

7〜9月

のおはなし

お願い！　てるちゃん

子どもたちの心配が、
てるてるぼうずのてるちゃんのおかげで晴れます。

3歳児〜　　**2〜3分**　　　　　　　　　原作／むらい　きくこ

　今日は七夕。でも、朝から雨が降っています。

★残念そうな表情と、いい考えがひらめいた表情にメリハリをつけて

　「あ〜あ。これじゃ、**織姫さまと彦星さまが会えないよ**……。そうだ！」。キツネのこんちゃんは、ブタのぶうちゃん、ウサギのうさこちゃんと一緒に何かを作り始めました。

●少しの間

　できたのは、てるてるぼうずのてるちゃんです。こんちゃんたちは、てるちゃんにお願いをしました。「どうか、雨がやみますように」。

●間

　すると「じゃあ、みんな手伝ってくれる？」。てるちゃんがみんなに言いました。こんちゃんたちは、びっくり！　「ぼくと一緒に空へ行こう！」。

★手をつなぐポーズをとりながら

　そう言うと、てるちゃんとみんなは手をつないでぐんぐん空へ飛んでいきました。そして、てるちゃんが言います。「さあ、ぼくと一緒に、雲を全部、吹き飛ばすんだ！」。

★両手を添えて口をとがらせて上向きに吹きながら

　てるちゃんは雲に向かって「ふーっ、ふーっ」。すると雲は、すーっ、すーっ、と逃げていきます。「わあ！　おもしろい！」「ふーっ、ふーっ、ふーっ」。こんちゃんも、ぶうちゃんもうさこちゃんも次々と雲を吹き飛ばしていきました。

●少しの間

　すると……。「やった！　お日さまが見えたよ！」。

●間

　夜になりました。雨はすっかりあがって星がきれいです。「織姫さまと彦星さま、よかったね！」。空では、織姫さまも彦星さまも、にっこり。「みんな、ありがとう」と、言っています。

おしまい

お話のポイント ・・・・・・・・・・・・・・・・・・

・お話を聞いたあと、こんちゃん・ぶうちゃん・うさこちゃんたちが雲を吹き飛ばしたように、一緒に吹く真似をしてあそんでみましょう。

・導入に「たなばたさま」（作詞／権藤はなよ・作曲／下総皖一）の歌をうたってもよいですね。

・お話の発展にてるてるぼうずの「てるちゃん」作りを楽しんでみましょう。

　材料：ティッシュペーパー　４組（２枚１組）・輪ゴム２本

①ティッシュペーパーを３組丸めます。

②もう１組を上からかけます。

③輪ゴムで首を作って、顔を描いてできあがり。

35

2話 ウサギだ ぴょん！

けがをした友だちを思いやる、
ゆりちゃんのやさしい気持ちを伝えましょう。

3歳児〜 **2〜3分**

原作／さえぐさ ひろこ

　ここはなかよし園。みどり組のゆりちゃんたちは、ウサギごっこが大好きです。先生が紙で作ってくれたウサギの耳をつけて、跳びはねてあそびます。

★両手をウサギの耳のように頭の上にかざして

　「ウサギだぴょん。遠くへぴょん。ぴょんぴょんぴょん！　ウサギだぴょん。遠くへぴょん。ぴょんぴょんぴょん！……」。ところが、のりくんだけ一人、みんなと離れて砂場であそんでいます。

★心配そうに

　「のりくん、どうしたの？」と、ゆりちゃんが聞きました。「ぼく、転んでけがをしたの。だからウサギさんになれないの」「だいじょうぶ？　それじゃあ、ぴょんぴょん跳べないね……」。ゆりちゃんは心配そう。

★ウサギの耳をかぶせるジェスチャーを入れながら、元気づけるように

　「でもね、ウサギさんだってきっと、けがをしているときもあるよ」。ゆりちゃんは、ウサギの耳をのりくんの頭にかぶせてあげました。

　「おだんごを作るウサギさんもいるのかなあ？」。のりくんが聞くと、ゆりちゃんが言いました。「いる、いる！　私もおだんごを作るウサギさんになろう」。のりくんはにっこりしました。

●少しの間

　のりくんとゆりちゃんがおだんごを作っていると、みんなが砂場にやってきました。「わー、のりウサギくん、おだんご作るのじょうずねえ」。先生が言いました。

　「ぼくたちにも教えてよ」「いいよ。たくさん作ろう」。みんなはたくさんおだんごを

作って大喜びしました。

●間

　園から帰って、夜になりました。今夜はお月見。ゆりちゃんはお家でお父さん、お母さんと一緒におだんごをおそなえしてお月さまを見ています。

★両手を合わせて

　ゆりちゃんは「のりくんのけがが治って、みんなとぴょんぴょんあそべますように。お月さまのウサギさんも、のりくんを応援してね」と、お月さまにお願いしましたよ。

おしまい

お話のポイント ・・・・・・・・・・・・・・・・・・・・

・ゆりちゃんのやさしさを穏やかな語り口で表現しましょう。

・厚紙で作ったウサギの耳を用意しておいて、お話を楽しんだあとに子どもたちに紹介したら、クラスでもウサギごっこが始まりますよ。

・お話を語ったあとに、「うさぎ」（作詞・作曲／不詳）をうたってもよいでしょう。

第3話

お月さま だいじょうぶ？

子ギツネのケンタや森の動物たちと、お月さまの
心温まる交流です。やさしい気持ちになります。

3歳児〜 **2〜3分**

原作／さえぐさ ひろこ

今日は、子ギツネのケンタのお話です。

★子どもたちが情景をイメージできるように、ゆっくりとした口調で

夜の森は、暗くてしーんとしています。でも、子ギツネのケンタはへっちゃらです。
お月さまがついてきてくれるから。やさしく照らしてくれるから。「お月さま、いつも
ありがとうね」。

●少しの間

ある夜、雲がお月さまを隠してしまいました。森は真っ暗です。「あれ、どうしたん
だろう？」。森のみんなが空を見あげました。

★見あげて、両手を口にかざして

「お月さまー、だいじょうぶー？」。ケンタが叫んでも、返事はありません。「お月さ
まは働きすぎて、きっと病気になっちゃったんだよ」。ケンタが言いました。「そうかも
しれないね」「かわいそうに……」。森の動物たちも心配そうです。そこで、みんなはお
月さまが元気になるようなものを持ってくることにしました。

●間

ウサギさんは……、「ニンジンケーキを、召しあがれ」。リスさんは……、「木の実の
ジュースはおいしいよ」。クマさんは……、「元気を出すにはハチミツだよ」と、切り株
のテーブルに載せました。

●少しの間

「ぼくは何をあげようかなあ。お月さまが楽しくなるものがいいなあ。えっと……、
えっと……。そうだ。歌をうたってあげようっと」。

♪げんげん　げんきな　おつきさまに

　ケン　ケン　ケンタは　あいたいな

　げんげん　げんきな　おつきさまに

　ケン　ケン　ケンタは　あいたいな♪

●少しの間

　ちょうどそのとき、風が吹いて雲が流れて、お月さまが顔を出しました。

　「大きな雲に通せんぼされてしまってね。わー、おいしそうなものばかり。それに、歌をうたってもらうって、とってもいい気分。みなさん、ありがとう」と、お月さまが言いました。

★笑顔でうれしそうに

　「お月さまが元気でよかったね」。

●少しの間

　ケンタとみんなの笑顔を、お月さまがやさしく照らしました。

                                        おしまい

お話のポイント ●●●●●●●●●●●●●●●●●●●●●

・♪げんげん　げんきな　おつきさまに……の部分は、ケンタの心情を込めて自由な
　メロディーでうたいましょう。「ニャニュニョのてんきよほう」（作詞／小黒恵子
　作曲／宇野誠一郎）のメロディーにのせてうたうこともできます。

・「つき」（文部省唱歌）を子どもたちと一緒にうたってもよいでし
　ょう。

4話

ゾウくんと　ネズミちゃん

「こんなお友だちがいたらいいな……」と、
子どもたちも思います。やさしさいっぱいのお話です。

3歳児～　　**2～3分**　　　　　　　　　　原作／宮下真理

ゾウくんとネズミちゃんがいましたよ。二人はとっても仲よしです。

★期待をもたせて

なんと……、お誕生日も同じ日です。二人はお誕生日にケーキを作って、プレゼント交換することにしました。

●少しの間

「ネズミちゃんに合わせて、小さなケーキを作らなきゃ！　がんばるぞー」。ゾウくんははりきってケーキを作り始めました。

●少しの間

ネズミちゃんも、「私はゾウくんみたいに大きなケーキは作れないわ。どうしたら、ゾウくんに喜んでもらえるかな……」と、考えていました。

●間

待ちに待ったお誕生日になりました。「お誕生日、おめでとう！」。二人はそう言って、プレゼントを交換します。

★期待をもたせながら

さて、ゾウくんがネズミちゃんのために作ったケーキは……。「わあ！　大きなケーキ」。ゾウくんが作ったのはふわふわのスポンジとたっぷりクリームのケーキ。一番上には、ネズミちゃんの顔にそっくりなクッキーが飾ってあります。自分の体と同じくらいの大きさのケーキに、ネズミちゃんは大喜びです。「小さく作ったけど、やっぱり大きいね」と、ゾウくんは照れ笑い。

★期待をもたせながら

　では、ネズミちゃんがゾウくんのために作ったケーキは……。「すごい！　小さなケーキがいっぱいだぞー」。箱の中には、チョコレートケーキにシュークリーム、チーズケーキにモンブラン。どれもみんな小さいけれど、たくさんのケーキが入っていました。ゾウくんはびっくり。「これなら、ゾウくんのおなかもいっぱいになるでしょ！」。ネズミちゃんはにこにこ。

●間

　森の仲間たちも集まってきて、ゾウくんとネズミちゃんのお誕生日のお祝いです。「ゾウくん、ネズミちゃん。おめでとう！」。

おしまい

お話のポイント ・・・・・・・・・・・・・・

・ゾウくんとネズミちゃんのセリフに声の変化をつけてみましょう。ネズミさんの声を少し高くするだけで両者の変化が出ます。

・最後の場面では、誕生日の歌をうたってもよいでしょう。

・保育者がゾウくんとネズミちゃんを作って壁面に飾り、子どもたちがゾウくんたちに贈りたいプレゼントを製作して貼るのも楽しい活動になります。

・・・・・・・・・・・・・・・

5話

スイカになった
おばけのオッチ

妹が生まれ、お母さんを取られたようで
さびしくなったおばけのオッチ。スイカに化けて……。

4歳児〜　　**3〜4分**　　　　　　　　　　　　原作／戸田和代

　おばけのオッチがいましたよ。オッチは、妹のチッチが生まれてから、お母さんにしかられてばかり。

★お母さんがあきれたように

　「オッチ、またチッチのおやつを取ったのね。本当に困ったお兄ちゃんね。そんなにごろごろしてないで、たまにはチッチのお守りをしてちょうだい」。

★オッチ、怒った声で

　「いいもん、ぼくもうどこかに行っちゃうもん」。オッチはぷんと怒って家を飛び出しました。「お母さんたら、チッチばっかりかわいがってさ。どうせぼくなんかいなくても平気なんでしょ！」。オッチは泣きながら飛んでいきました。

●少しの間

　オッチはスイカ畑にやってきました。「あ、スイカだ！　そうだ、ぼくおばけをやめて、スイカになっちゃおっと。スイカなら、ごろごろしててもしかられないもんね」。

★両手で丸いスイカの形をつくりながら

　オッチは“ドロ〜ン、パッ！”とまあるいスイカに化けました。「気持ちがいいな。お日さま、あったかいな……」。オッチはいつの間にか、畑でぐうぐうぐう……。

●間

　オッチが目を覚ますと、ごとごとごとごとトラックの中でした。オッチはほかのスイカと一緒にトラックで町に運ばれていきます。「わあ、らくちん、らくちん。スイカはトラックに乗れるんだ。いいなあ！」。トラックは果物やさんに着きました。トラックをおりたオッチは、ほかの果物とおしゃべり。バナナさんが言いました。「私は暖かい

国から来たの。君はどこから来たの？」「おばけの森さ……」。

●少しの間

　店先に並べられたオッチ。オッチの前に、買い物に来たかわいいくりくり目玉の女の子が近づいてきて言いました。「おいしそうなスイカだね、お母さん」「そうね。じゃあ、買って帰って、あとでお兄ちゃんと一緒に食べましょうか」「わーい！」。

　オッチはびっくりしました。「うひゃー、くりくり目玉がチッチにそっくり。それにやさしそうなお母さんだな」。オッチはチッチやお母さんを思い出して、胸がきゅんとさびしくなりました。

★テンポを変えて、やさしい声で

　すると、「オッチ、オッチ……」と声がしました。「あ、お母さんだ！」。オッチは店の外に飛び出しました。もうスイカから元のおばけの姿に戻っています。「まあ、オッチ、ここにいたのね。ずいぶん探したのよ」。お母さんは森から町までおりてきて、オッチを探していたのです。オッチはお母さんの胸に飛び込むと、「ごめんなさい。お母さんもチッチも大好き。もう、どこにも行かないよ」って言いました。よかったね。

おしまい

お話のポイント

・オッチのさびしい気持ちを、大げさになりすぎないように表現しましょう。

・お話をペープサートで楽しむこともできます。※型紙はP.64にあります。

6話 秘密の運動会

キッチンで野菜たちの楽しい秘密の運動会。
子どもたちの想像力や空想力がふくらみます。

4歳児〜　　3〜4分

原作／岡 信子

　ここはあきらくんのお家のキッチン（台所）です。

●少しの間

　みんなが寝静まった夜中、あきらくんの家のキッチンから野菜たちのひそひそ声が聞こえてきました。「今日、あきらくん、運動会だったんだよね」と、ダイコンさんが言いました。「かけっこも、おゆうぎもとても楽しかったって言ってたね」と、カボチャさんも言いました。「ぼくたちも運動会をしようよ！」。ニンジンさんがそう言うと、みんなは「さんせーい！」。

●少しの間

　野菜たちは、みんな大はりきり。ところが、「私、運動会に出られないわ……。しわしわで元気が出ないの……」。レタスさんが言うと、みんなも何だかさびしそう。「みんなで運動会をやりたいね」。すると、キュウリさんがぽんと手をたたきました。「そうだ！　いいこと考えた！」。

★持ちあげてボウルに入れる動作をしながら

　「さあ、みんなレタスさんを持ちあげて。それ！」。キュウリさんの合図で野菜たちはレタスさんを水の入ったボウルにとぽんと入れると、声をそろえて応援です。「ふれー、ふれー、レタス！　元気出せ、元気出せ、レタス！」。するとレタスさんは、みるみるうちに、ぱりっぱりのしゃっきしゃき！　「ありがとう、みんなに応援してもらって、元気が出てきたわ」「よかった、よかった。これでみんなで運動会ができるね」。みんなうれしそう。

●少しの間

　レタスさんが元気になったので、まずはかけっこ。カボチャさんが椅子にのぼって審判の役です。「それでは、位置について……」。カボチャさんが笛を口に当てて、「よーい、ぴ————っ！」。

　みんないっせいに走り出しました。わーっ、速い！　ゴボウさんがトップでぐんぐん。あっ、ニンジンさんが転んでしまいました。おや、ダイコンさんが駆け寄ってニンジンさんを抱き起こしています。トマトさんはころころ転がって走っています！　楽しい運動会は夜じゅう、続きました。

●間

　次の朝、あきらくんが起きると、台所で朝ごはんを作っているお母さんが不思議そうに言いました。

　「あら、椅子の上にカボチャがあるわ。どうしたのかしら……」。冷蔵庫から野菜たちは、くすっと笑ってささやき合いました。「秘密の運動会、楽しかったね！」。

おしまい

お話のポイント ・・・・・・・・・・・・・・

・朝、子どもたちが登園する前に黒板に、ダイコン・カボチャ・ニンジン・レタス・
　キュウリ・ゴボウ・トマトの略画を描いておくと、「先生、この絵どうしたの？」と、
　子どもたちが聞いてきます。「今日のお話に関係あるんだけ
　ど、ヒ・ミ・ツ」。こんな導入も考えられますね。
・子どもたちは秘密が大好き。運動会の楽しさと、「みんなで
　運動会をやりたいね」という気持ちも伝わるように語りまし
　ょう。

・・・・・・・・・・・・・・・・・・・・・・

7話 お月見だんご

子グマのクーと月の子ウサギがお月見だんごを交換。クーの「おいしいね」に、お月さまの子ウサギからも……。

4歳児〜　3〜4分

原作／光丘真理

クマの子のクーは、お月さまを眺めることが大好きです。

★感情を込めて

「お月さまって、おいしそうだなあ」。今日もこんなことをつぶやいているくいしんぼうのクーに、お母さんが言いました。

「明日は真ん丸お月さまになるわ。おだんごを作って、お月見をしましょうね」。

クーはお母さんと一緒におだんごを作ります。

★自由なメロディーで

♪こねて　こねて　てのひらに　のせて

くるくるくるくる　くるくるくるくる♪

歌をうたいながら丸めます。「あれー、今日のお月さまと同じ形！」。クーの作ったおだんごはちょっとつぶれた丸い形です。「もう少し丸めると、真ん丸になるわよ」と、お母さんが言いました。「よーし」。くるくるくるくる……。クーがうたいながら丸めていると、

★歌は、お月さまの子ウサギの声で

♪くるくるくるくる　おいしそう♪

空から歌が聞こえてきました。「誰だろう？」。クーは窓の外を見あげましたが、誰もいません。空にはもう少しで真ん丸になるお月さまが光っているだけです。

●間

いよいよ満月の日。クーは作ったおだんごをおそなえしました。ところが、いつまでたってもお月さまは顔を出しません。「せっかくこんなに作ったのに」。クーはしょんぼ

り。そのとき、ススキの草むらから声がしました。「本当においしそう！」。

　草むらから顔を出したのは子ウサギでした。「あたし、お月さまから来た月の子ウサギ。あなたのおだんごが食べたくて来ちゃった」。

★おみやげを差し出す動作をする

　「これは、おみやげ。お母さんと一緒にくるくる丸めた月のおだんごよ」「じゃあ、空でうたっていたのは、子ウサギさんだったんだ！」。

　クーと月の子ウサギはうれしくて、一緒に跳びはねました。お母さんがクーの作ったおだんごを包んでくれました。「じゃあ、おみやげの交換だね！」。おだんごをもらった子ウサギは「ありがとう！」と、うれしそうに帰っていきました。

★お月見だんごを食べるジェスチャーをしながら上を見て

　真ん丸お月さまが、空にぽっかり浮かんでいます。「お月見だんごって、おいしいね！」。クーは、お月さまに向かって叫びました。

★お月見だんごを食べるジェスチャーをしながら下を見て

　「おいしいね！」。空からは子ウサギの声が返ってきましたよ。

おしまい

お話のポイント ● ● ● ● ● ● ● ● ● ● ● ● ● ● ● ● ● ●

・お話の情景を聞いている子どもたちが思い浮かべられるように、ていねいに語りましょう。おだんごを丸める場面はジェスチャーが入るとよいでしょう。

・最後は余韻を残して終わります。

野菜の気持ち

『スイカくんはいいな。ぼくは昨日も売れなかった』。
ピーマンの気持ちを知った、やおやのおじさんは……。

4歳児〜　**3〜4分**

原作／正岡慧子

やおやの店先で、野菜たちが話をしています。

●少しの間

　トマトが「誰か早く買ってくれないかしら、今が食べどきなんだけど」と言うと、キュウリが「ぼくも、早くサラダになりたいな」と、言いました。続いて、トウモロコシとナスが言いました。「ぼくは、あつあつのお湯でゆでてもらいたいんだ。そうすると、すごく甘くなるからね」「私、今日は天ぷらになりたい気分だわ」。

　すると、「ああもう、暑苦しい話はやめてくれないか。ぼくは、今すぐ冷蔵庫に入りたいよ」と、スイカが叫びました。

●少しの間

　やおやのおじさんは、野菜の話し声を聞きながら、みんなの希望を早くかなえてやりたいと思いました。そのとき、お母さんと小さな男の子が、店に入ってきました。「スイカをもらいたいんだけど、これおいしいかしら？」。

★スイカをたたく動作を入れながら

　おじさんはスイカの頭をボンボンとたたくと、「いい音だ。甘くて水分たっぷりの優等生」と、言いました。スイカはほめてもらってうっとり。スイカのそばにいたピーマンが、しょんぼりとうなだれました。（スイカくんはいいな。ぼくは昨日も売れなかった。きっと、嫌われてるんだ……）。

★ピーマンをみがく動作を入れながら

　おじさんは、そんなピーマンの気持ちがわかったのか、ピーマンをきゅっとタオルでみがくと、男の子に言いました。「夏はピーマンがうまくて、体にもいいんだ。今夜は、

ピーマンたっぷりのピザなんてどうだい」「ピーマン？　ぼく、あんまり好きじゃない
よ」「なぜだい？　きっと、においのせいだな。ピザに入れると、パックン、パクパク
ッて食べたくなるほど、うまくなるんだ」「ほんと？　じゃあ食べてみる」。男の子は、
お母さんとつないだ手を揺すぶりました。「いいわね、そうしましょ」。ピーマンはうれ
しくて、むくっと胸をふくらませました。

●少しの間

　「がんばって、うまいピザになるんだぞ」。おじさんは、ピーマンを2つもおまけして
しまいました。

おしまい

お話のポイント

・子どもたちの身近な野菜たちが登場します。野菜の気持ちを知って、嫌いな野菜も
　食べてみようかと思ってくれる子がたくさんいたらすてきですね。
・緑色のピーマンはカロテンやビタミンCなどが豊富に含まれてい
　ます。風邪の予防にも役立ち、元気に過ごせます。子どもたち
　に伝えてあげましょう。

おばけのバケタン 海へ行く

おばけのバケタン、海でミツオくんという子と友だちに。
最後はゆかいな展開が待っていますよ。

5歳児〜 **4〜5分**

原作／山下美樹

　ふわーり、ふわり。おばけのバケタンが、海にやってきました。「わー、人間がいっぱい！　ちゃぷちゃぷ、ぴちゃぴちゃ、楽しそう！　友だちできるかな？」。バケタンはわくわく。にこにこ笑顔で海に飛び込みました。ざぶん！　ばしゃばしゃ、すーいすい。ところが、バケタンに気づくと、みんなどたばた大騒ぎ。

★少し大げさに

　「わっ、おばけ！」「きゃー、助けて！」。ぶるぶる震えて逃げていきました。「みんなと一緒にあそびたいだけなのに……」。誰もいなくなった海は、とっても静か。おや？浜辺に誰かいるみたい。バケタンが近づくと……。

●少しの間

　そこにいたのは、帽子をかぶった小さな男の子。「おいら、おばけだけど、怖くないの？」。バケタンがたずねると、「ぜーんぜん」と、男の子は答えました。「それじゃ、おいらと一緒にあそぼうよ！」「うん、あそぼう！　ぼく、ミツオ」「おいらはバケタン」。

★ぐんぐん大きくなるところは、両手を少しずつ横に広げて表現する

　バケタンは体をぷうっとふくらませ、ぐんぐん大きくなると、クジラボートに大変身。ミツオを乗せて、海をすいすい泳ぎます。「お日さま、さんさん。波はきらきら。いい気持ち」。バケタンはうきうき。本物のクジラがうれしそうにぴゅーっと潮を吹きました。「わあっ、すごい！」。ふたりは、ぱちぱち大きな拍手。

●少しの間

　「ぼくたちも乗せて！」。隠れていた子どもたちが、駆け寄ってきました。「いいよ。乗って乗って！」。みんなすぐに仲よくなりました。「みんなであそぶと、楽しいね！」。

たくさんあそんだみんなは……。「ぼく、おなか空いちゃった」「私も！」「そうだ、ぼくのお母さんがやっている海の家で、焼きそばを食べようよ」。ミツオが言うと、みんな大喜び。

●少しの間

　じゅーじゅー。海の家では、ミツオのお母さんが焼きそばをてきぱき焼いています。ゆげがもわもわたって、おいしそうなにおいがぷーん。スイカやかき氷も出てきて、さあ、パーティーの始まりー！　もぐもぐ、ごくん、おいしいね。わいわい、ぺちゃくちゃ、楽しいね。

●間

　空が暗くなったころ、花火大会が始まりました。夜の海に、花火の音や、みんなの楽しそうなおしゃべりが響きます。「バケタン、こっち来て」。ミツオがバケタンをそっと手招きしました。

★3つ目の目はおでこを指差しながら

　ミツオが帽子を取ると……。ミツオのおでこには、3つ目の目！　「ミツオもおばけだったの?!　だから、おいらが怖くなかったんだ！」「みんなには内緒だよ」。浜辺には、花火に化けた火の玉や、ビーチパラソルに化けたからかさおばけまで！　おばけたちも人間と同じで海が好きなんですね。

おしまい

お話のポイント　• •

・「ふわーり、ふわり」「ちゃぷちゃぷ、ぴちゃぴちゃ」など、擬態語や擬音語がたくさん出てきます。語る際には、部分的にでもそれぞれの表現を意識してみましょう。

・「お話の中に、もう一人おばけがいます。誰でしょう」。こんなクイズもできますね（答えはミツオのお母さん）。

冒険なぞなぞ島

なぞなぞがテーマのゆかいなお話。
次々に出てくるなぞなぞを解きながら楽しみましょう。

5歳児〜　**4〜5分**

原作／山本和子

　お姉ちゃんのピタッチと弟のポッチは、冒険が大好きな仲よしきょうだいです。

●ちょっとの間

　ある日、二人になぞなぞが大好きなおじいちゃんから手紙が届きました。手紙にはこう書いてありました。『きはきでも、空を飛べるきはなーに？　この乗り物に乗って、なぞなぞ島へあそびにおいで』。

★腕を組んで考える動作をしながら

　「うーん、答えは何だろう？」。ふたりはよーく考えて……。「わかった！　飛行機よ！」。さっそく飛行機でびゅーん！　やがて、たくさんの島が見えてきました。「どの島がなぞなぞ島かな？」「あ、おじいちゃんの手紙に、またなぞなぞが書いてあるわ」『"だん・だん・だん・だん・だん"という食べ物はなーに？』。

　「わかった！　答えはだんごね！」。二人は、だんごの形をしたなぞなぞ島に到着。

●少しの間

　「おじいちゃんの家はどこだろう？」。ふたりが困っていると、カバとサイに似た不思議な動物たちがやってきました。「ぼくたちの出すなぞなぞに答えられたら、道を教えてあげるよ。問題は二問あるよ。『カバはカバでも、荷物を入れることができるカバはなーに？』」「わかった！　かばん」「正解。では次。『サイはサイでも、きれいな花が咲くサイはなーに？』」「わかった！　アジサイだ！」「よくできたね！　おじいちゃんの家はあっちだよ」。

●少しの間

　二人が教えてもらった道をどんどん進むと……。どわわわわ〜ん！　木の葉っぱが体

52

じゅうについた大きな怪物が現れました。「わしの出すなぞなぞに答えられないと、食べちゃうぞ〜！　『鳥じゃないけど歌が得意。ウサギじゃないけどジャンプが得意。この生き物なーんだ？』」「わあ、むずかしい！　食べられちゃうよ〜！」。ピタッチもポッチも、ぶるぶる。すると怪物が言いました。

★「家にかえるのじゃー」の部分を強調して語ってみましょう。

　「なぞなぞが解けなかったら、家にかえるのじゃー！」。怪物の言葉を聞いた二人は、「わかった！　答えはカエル！」。すると、バリバリバリ〜！　怪物の格好をしていたのはおじいちゃん。「なぞなぞ島へようこそ！　驚かせてごめんよ。ふたりになぞなぞを楽しんでもらいたかったんじゃよ」。

●間

　おじいちゃんは家に着くと、おいしいごちそうをたくさん作ってくれました。でも……。「最後に出すなぞなぞが解けたら、ごちそうが食べられるぞ」「えー！　もうおなかぺこぺこ！」「では、問題。『食べるとほっと安心するケーキはなーに？』」。みんなは、わかったかな？　（子どもたちの反応を確かめて）ピタッチとポッチは急いでなぞなぞを解いてごちそうを食べたんだって。

おしまい

お話のポイント ・・・・・・・・・・・・・・・・・・・・

・子どもたちとなぞなぞを楽しみながら展開するお話ですから、なぞなぞの答え（飛行機・だんご・かばん・アジサイ・カエル・ホットケーキ）を先に覚えると、あらすじをつかみやすくなります。
・最初の2問はおじいちゃんからの手紙ですから、手紙を用意しておいてもよいでしょう。

ぷぷーと クマおばあちゃん

親切な子ブタのぷぷーとやさしいクマおばあちゃん、
お月さまのおかげで二人のお月見は……。

5歳児〜　**4〜5分**

原作／板橋敦子

　　今日はお月見。動物村のみんなは、まんまる山のてっぺんに集まります。「わー、遅れちゃう」と、子ブタのぷぷーが走ってきました。「ちょっとお昼寝してたら、もう夕方」。ぷぷーはススキの道を急ぎます。

●少しの間

　　すると、どすん！　誰かにぶつかりました。「おや、ぷぷー。だいじょうぶかい？」。ぷぷーがぶつかったのは、クマのおばあちゃんでした。「ごめんね、ぼく、慌ててたから。おばあちゃんは、まんまる山へ行かないの？　いつも、楽しみにしてたでしょ」。ぷぷーが言うと、おばあちゃんは「年をとって山登りが大変だから、今年は行かないのよ」と、答えました。

　　「それなら、ぼくがおんぶしてあげる」。ぷぷーはそう言うと、しゃがんでおばあちゃんをおんぶしようとします。「でも、重いよ」。おばあちゃんは心配そうです。「へいき！ ぼく、力もちなんだ」。

★両手を後ろにまわして、おんぶするポーズで

　　そしてぷぷーは、おばあちゃんをおんぶするとまんまる山を登り始めました。

●少しの間

　　でも山道は長くって、「まだかな……まだかな？　山のてっぺん」。始めのころよりも、だんだんおばあちゃんが重たく感じられます。そして、とうとう、ぷぷーは山道の途中で座り込んでしまいました。「ぷぷー、一人でお行き。おばあちゃんはここで待っているから」。おばあちゃんが言いました。でも、みんなとお月見するのを楽しみにしていたおばあちゃんを、一人で置いていくわけにはいきません。「そうだ、ここで二人でお

月見をしよう」。ぷぷーが言うと、おばあちゃんも「ぷぷーと一緒なら、楽しそうだ」と、答えました。ぷぷーとおばあちゃんが笑い合った、そのとき。急に二人の体がふわーっと浮かびあがりました。

●間

　気がつくと、ぷぷーとおばあちゃんはお月さまと一緒に空を飛んでいました。

★お月さまの声で

　「ぷぷーとおばあちゃん、一緒にまんまる山のてっぺんまで行こう」「お月さま、いいのー？」。ぷぷーがたずねると、「ちょうど私も、まんまる山のてっぺんに昇るところだよ」。

●少しの間

　まんまる山のてっぺんに近づくと、お月さまはそっと二人をおろしてくれました。てっぺんにはもう動物たちが集まって、お月さまが昇ってくるのを待っています。

　「お待たせー」。お月さまが山のてっぺんに顔を出すと、動物たちは大喜びです。おばあちゃんはぷぷーに言いました。「ぷぷー、ありがとう。今年もいいお月見ができるわ」。ぷぷーもうれしそうに言いました。「おばあちゃん、来年も一緒に見にこようね」。

　お月さまのやさしい光が、みんなの上にふりそそいでいました。

　　　　　　　　　　　　　　　　　　　　　　　　　　　　　おしまい

お話のポイント ・・・・・・・・・・・・・・・・・・・・・・・・

・子ブタのぷぷー・クマおばあちゃん・お月さまに、少し声の変化をつけてみましょう。三者がどのように描かれているかを考えてみるとしぜんと
　変化が出てきます。

・やさしさいっぱいのお話ですから、ゆったりと登場人物それぞれの性格が出るように語りましょう。

・・・・・・・・・・・・・・・・・・・・・・・・・

お寿司のなるほど物語

今では当たり前のようにいただいている握り寿司。
江戸時代に誕生した寿司のお話です。

4歳児〜 **4〜5分**

原作／木暮正夫

★寿司を握る動作をしながら

みなさんはこうやって握って作る、『握り寿司』を食べたことがありますか？（子どもたちの反応を受けて）そう、みんなはワサビの入っていない、さび抜きの握り寿司を注文しますね。今日は、その握り寿司のお話です。

●少しの間

昔、江戸の町（今の東京だね）に与兵衛という若者がいました。与兵衛の仕事は寿司売りです。与兵衛が売っていたのは、ごはんと魚を箱に入れてぎゅっと押した、『箱寿司』でした。今日もできたてほやほやの『箱寿司』を担いで、「お寿司はいかがですか」と、売り歩いていました。

●少しの間

「おい、寿司をくれ。おなかがぺこぺこだ」。大工さんが呼び止めました。でも与兵衛の寿司は、さっき箱に詰めたばかり。この『箱寿司』は、箱に詰めてから時間がたったほうがおいしいのです。「しばらくたってから食べたほうが、おいしいですよ」。与兵衛が言うと、「べらぼうめ、江戸っ子は気が短いんだ。すぐ食いたいんだ！」と、大工さんは行ってしまいました。こんなことがよくあるのです。

★考えるポーズを取りながら

与兵衛は考えました。「江戸の海では、おいしい魚がたくさん獲れる。これをそのまま簡単に食べられれば、気が短い江戸っ子にも喜ばれるはず。何か、いい考えが浮かばないかなあ……」。ああでもない、こうでもないと、考え続けました。

●間

　ある日、与兵衛が歩いていると、子どもたちがおにぎりをおいしそうに食べていました。「そうだ。おにぎりみたいにごはんを握って魚をのせ、もう一度握ったらどうだろう」。与兵衛はさっそく試してみました。「これだ、これならいける！」。

●少しの間

　与兵衛は『握り寿司』の屋台を始めました。屋台に握り寿司を並べてお客さんが選んで買っていくのです。これが『握り寿司』の始まりです。

★握り寿司を食べる動作をしながら

　「うん、これはうまい。一度にいろいろ味わえておもしろい」。与兵衛の屋台は大評判。毎日、行列ができました。与兵衛はお金ができたので、『握り寿司』専門のお店を出しました。そして今まであまり食べられていなかったマグロを、しょうゆに漬けた『づけ』を具にしたり、ワサビをぴりっときかせて珍しがられ、ますます評判になりました。江戸の町で生まれた『握り寿司』は、こうしてだんだん日本中に広まっていったということですよ。

おしまい

お話のポイント ・・・・・・・・・・・・・・

・このお話は握り寿司のイメージがわかないと、楽しむことができません。そこで、握り寿司の説明にお寿司やさんチェーン店の広告を使って、「これが握り寿司だね。むかし、お侍さんがいた江戸時代にはこういう握り寿司はなかったそうですよ」などと話し始めてもいいですね。

・お店やさんごっこの前に話すと、お寿司やさんもごっこあそびの候補にあがります。

七夕まつり

織姫と彦星が7月7日の七夕の夜に
天の川を渡って会えるようになった由来は……。

4歳児〜　**2〜3分**

日本昔話　再話／正岡慧子

★天を指差しながら

　もうすぐ「七夕」。七夕にはこんな天（お空の上）のお話がありますよ。

●間

　とんとんからり、とんからり。とんとんからり、とんからり。

　織姫は神さまたちの着物を作るために、毎日、機織りをしています。その姿を見て、織姫のお父さんの天の神さまは大満足。「そろそろ、よいむこを迎えてやらねばのう」。

●少しの間

　天の神さまが選んだおむこさんは、彦星という牛飼いでした。二人は結婚して、とても幸せに暮らしていました。ところが、仲がよすぎてあそんでばかり。そのうち、仕事をなまけるようになってしまいました。神さまたちは大弱り。「着物が、一枚もないぞ」「大変だ、牛が病気になっている」。

●少しの間

　「なんということだ。許さん！」。天の神さまは、かんかんに怒りました。そしてすぐに二人を引き離し、彦星を天の川の向こう岸へ、追い返してしまいました。

●間

　彦星と離れ離れになった織姫は、一日中泣いてばかり。から……から……とん。から……から……とん。機織りもいっこうに進みません。この様子を見た天の神さまは、織姫をかわいそうに思い、1年に1度、7月7日の夜だけ、彦星に会うことを許しました。

●間

　それからというもの、織姫は一生懸命、機織りをするようになりました。7月7日の

58

夜が来ると、織姫は船で天の川を渡ります。でも、雨が降ると、川の水があふれて船を出すことができません。そんなときは、天の神さまがカササギという鳥をつかわして、天の川に橋をかけてあげるのだそうです。

おしまい

お話のポイント ●●●●●●●●●●●●●●●●●●●●●●●●●●●●

・天のお話です。その情景をしっかり意識しながら、ゆったりと子どもたちに語りましょう。語り手にしっかりとしたイメージがないと、聞いている子どもたちには伝わりにくくなります。

・園でも七夕飾りを作りますが、それぞれに意味があります。子どもたちが作りやすい飾りでは、

輪つなぎ…みんなが仲よく長生きできますように。

吹き流し…織姫さまのように機織りがじょうずにできますように。

ちょうちん…心を明るく照らしてくれますように。

短冊…願いがかないますように。

……などがあります。子どもたちの飾りに意味を考えてあげてもいいでしょう。

14話

若返りの水

若返りの水を見つけたおじいさんとおばあさん。
さて、二人はどのような姿になったのでしょう。

4歳児〜 **4〜5分**

日本昔話　再話／阿部 恵

　むかーしむかしのお話です。あるところに、おじいさんとおばあさんがいました。ある日、おじいさんとおばあさんは、二人で山に出かけていきました。「おばあさんや、今日は天気がよくて気持ちがいいね」「そうですね、おじいさん」。

●少しの間

　こんな話をしながら二人が山道をどんどん進んでいくと、どこからかたいそういいにおいがしてきました。

★においをかぐ動作を入れながら

　「おや、これはいいにおいだ。おばあさんや、においのするほうに行ってみましょう」「そうしましょう」。ふたりは、においのする谷のほうに歩いていきました。

●少しの間

　すると、どうでしょう。いいにおいは、山から流れ出ている清水だったのです。清水というのは、山や地下から出ているきれいな冷たい水のことです。「おばあさんや、いいにおいはこの清水だよ」「ほんと、そうですね」。

★両手で水をすくって飲むジェスチャーを入れながら

　おじいさんは、ちょうどのどもかわいていたので、その清水を両手ですくって、ゴクゴクゴクゴクと飲んでみました。そのお水のおいしいこと、おいしいこと。「うーん、おいしい！」。おじいさんはもう一度、ゴクゴク飲みました。「やー、おいしかった」と、振り向いたおじいさんに、おばあさんはびっくり！　だって、おじいさんが昔のように若くなっていたからです。「おじいさん、この清水は若返りの水ですよ！　昔のようにすっかり若くなりましたよ」。

★両手で水をすくって飲むジェスチャーを入れながら

　おばあさんはそう言うと、自分もそのお水を飲んで若くなろうと、ゴクゴク飲み始めました。そのお水の、また、おいしいこと、おいしいこと。ゴクゴクゴク、ゴクゴクゴク、ゴクゴクゴク……。おばあさんは、自分がどんどん若くなっていることを忘れて、そのお水をゴクゴク飲み続けました。

●間

　おじいさんがふと気がつくと、清水のわきで赤ちゃんがオギャーオギャー、オギャーオギャーと、おばあさんの着物の中で泣いています。「こ、こりゃ、大変なことになった！……」。

●少しの間

　そうです。おばあさんは、そのお水を飲みすぎて、赤ちゃんになってしまったのです。おじいさんは、赤ちゃんになったおばあさんをおんぶして家に帰りました。

●間

　それから、その赤ちゃんを一生懸命に育てたということですよ。

おしまい

お話のポイント　・・・・・・・・・・・・・・・

・おじいさんとおばあさんのやさしさをゆったりした穏やかな語り口で表現しましょう。

・おばあさんが赤ちゃんになってしまうというところが山場です。子どもたちの反応を見て、間合いを取りながら、楽しく語りましょう。

15話 ライオンとネズミ

百獣の王ライオンと小さなネズミの話。
子どもたちの心の中にもやさしい風が吹きます。

4歳児〜 **3〜4分**　　イソップ童話　再話／間部香代

「むにゃむにゃむにゃ」。ある日、ライオンが気持ちよさそうに昼寝をしていました。そこへ、ネズミがちょろちょろちょろーとやってきて、ライオンの背中の上をちょこまかちょこまか。「ん？」。ライオンが目を覚ましました。

★威張って

「誰だ？　わしを起こしたのは」。ライオンにつまみあげられたネズミは「ひゃっ！ごめんなさい。まさかライオンさんの背中だったなんて。どうかぼくを食べないでください」。それを聞いたライオンは、「うむ。まあいいだろう」と、ネズミを逃がしてやりました。

命拾いをしたネズミは言いました。「ありがとうございます。いつかあなたが困ったときには、私があなたを助けます」「なんだとネズミがライオンを助ける？　はっはっはっ……。そんなばかな」と、ライオンはネズミの言葉を本気にはしませんでした。

●間

それからしばらくたったある日、ライオンが人間のしかけた網のわなにかかってしまいました。木の枝に網ごとつりさげられたライオンは、「わしは動物の王さまだぞ。早くここから出せ！」。叫んでもどうにもなりません。するとそこへ……。「ライオンさん、待っててくださいね」。

★思い出したように

「お前はあのときの……」。そう、やってきたのはライオンに逃がしてもらったネズミです。ネズミはライオンの体にかかった網をかじり始めました。少しずつ、少しずつ、小さな歯で、少しずつ。

●間

　とうとう網に、大きな穴が開きました。「ああ助かった」。ライオンが網から出てくると、「この間の恩返しができました」と、ネズミもにっこり。

●少しの間

　するとライオンが言いました。「あのとき、わしは、ちっぽけなネズミに何ができる、と笑ってしまった。どうか許しておくれ」。ライオンとネズミの心の中に、やさしい風が吹きました。

おしまい

お話のポイント ・・・・・・・・・・・・・・・・・

・イソップ童話は教訓話です。「ネズミの恩返し」の話ですが、「強いものでも弱いものの力を借りることもある」という教訓も含まれています。最後のライオンのセリフで子どもたちに伝わります。

・ほかによく知られている作品に「北風と太陽」「アリとキリギリス」「ウサギとカメ」「金のおの銀のおの」「町のネズミと田舎のネズミ」などがあります。

・・・・・・・・・・・・・・・・・・・・・・・・・・・・・・・・

p.42〜43

「スイカになったおばけのオッチ」

★演じやすい大きさにコピーして使用してください。

オッチ〈表〉

オッチのお母さん〈表〉

女の子＆お母さん〈表〉

オッチ〈裏〉

オッチのお母さん〈裏〉

女の子＆お母さん〈裏〉

10 〜 12月

のおはなし

ぼうしくん しくしく

野ネズミののんとねむは、ドングリの木の下で
しくしく泣いている赤いぼうしを見つけます。

3歳児〜　　**3〜4分**

原作／すとう あさえ

　もうすぐ寒い冬がやってきます。野ネズミののんとねむが、森にドングリを集めに出かけました。すると、森の入り口のドングリの木の下に赤いぼうしが落ちていました。

★悲しそうに

　「しくしく……。まいちゃんがぼくを落としていっちゃったー」。ぼうしは泣いていました。「ぼうしくん、元気を出して。私はねむ」「ぼくは、のん。ね、一緒にドングリを拾おうよ」「ぐ、ぐすん……うん」。

★ぼうしにドングリを入れる動作をしながら

　のんとねむは、ぼうしくんにドングリをいっぱい集めて入れました。「ふふ、なんだか、くすぐったい」。

★みこしを担ぐ動作をしながら

　たくさん集まると、ふたりはぼうしくんを担ぎました。

♪それドングリみこしだ！　わっしょい　わっしょい　わっしょい　わっしょい♪

　「あはは、わっしょい、わっしょい」。ぼうしくんも大声で笑いました。

●少しの間

　のんとねむの家に着きました。「ぼうしくんのおかげで、今日はドングリがいっぱい集まったわ」「ねえ、今日から一緒にここで暮らそう」「うん」。三人はうれしくて、ぴょんぴょん踊りました。

●少しの間

　その晩、のんとねむはぼうしくんの中に入って眠りました。ぼうしくんの中はぽかぽか、あったかです。ところが、ぼうしくんがしくしく泣き始めました。「ぼくがいない

と、冬の間、まいちゃんは寒いだろうなあ……」。のんとねむは、顔を見合わせました。

●間

　次の日、のんとねむは、ぼうしくんを最初に落ちていたドングリの木まで連れていってあげました。しばらくすると、向こうから女の子が走ってくるのが見えました。「まいちゃんだ。ぼくを探しにきてくれたんだ！」。ぼうしくんはうれしそう。

●少しの間

　「のんちゃん、ねむちゃん、ありがとう」。のんとねむも、にっこり。「よかったね。ぼうしくん」。

おしまい

お話のポイント

・野ネズミののんとねむ、ぼうしくんのそれぞれの心情をていねいに語りましょう。
　まいちゃんも含めて、登場人物のやさしさ、思いやりが伝わります。
・赤い色のぼうしくんをスケッチブックや黒板に描いて
　おくとよいでしょう。子どもたちのイメージがふくら
　みやすくなります。

イモ掘り
ヤッホッホー！

秋の味覚のサツマイモ。
イモ掘り遠足があっても、なくても楽しめるお話です。

3歳児～　**2～3分**

原作／阿部 恵

　ここは動物げんき園のはな組さん。今度の〇曜日はイモ掘り遠足です。
●少しの間
　はな組のみんなは、イモ掘りの日が早く来ないかと、その話に夢中です。
★それぞれに大きさや形を両手で示しながら
　ネズミちゃんがこんなことを言いました。「私、おイモ畑でかわいいおイモを掘りたいの」。するとリスくんが、「ぼくは、これくらいの大きさのおイモがいいな」。ウサギちゃんは「私は、私のお耳みたいな形をしたおイモが掘れるとうれしいな」。タヌキくんは「ぼくは、ぼくのおなかみたいに丸いおイモを掘りたい！」。
　その話を聞いていて、こんなことを言っているお友だちがいますよ。「ぼくね、大きさや形は何でもいいから、とにかくたくさん掘るんだ！」。
★踊りのような動作を入れてゆかいにうたう
　♪ほって　ほって　またほって（あ、それ！）
　　ほって　ほって　またほって（あ、それ！）
　　ほって　ほって　もっとほる（ぶー！）
　　おいも　ごろごろ　ヤッホッホー！
　「そしてたくさん掘ったらね、焼きイモでしょう。ふかしイモでしょう。大学イモにスイートポテト。それからおイモの天ぷら！　お母さんに作ってもらって、たくさん、たーくさん食べるんだ」。こんなことを言っている食いしんぼうさんもいましたよ。誰かわかりますか？
　（子どもたちの反応を受けて）そうです、ブタくん。みんなは、食いしんぼうのブタ

くんに大笑い。

●少しの間

　ブタくんも「いっぺんにそんなにたくさん食べたら、おなかが痛くなってしまうね。アハハハハ……」と、大笑いしました。

●間

　今度の○曜日、よいお天気になるといいですね。

おしまい

お話のポイント・・・・・・・・・・・・・・・・

・イモ掘り遠足のある園では、子どもたちが期待をもって参加できるように。ない園でも、イモ掘りに興味がもてるように楽しく語りましょう。

・イモ掘りの歌は自由なメロディーや動作でうたいます。みんなで一緒にうたっても楽しいでしょう。

3話

こがらしくんが やってきた

こがらしくんが園にあそびにきました。元気いっぱいな
こがらしくんとすてきな体験ができましたよ。

3歳児〜　**2〜3分**　　　　　　　　　　　原作／岡 信子

　あきくんの園に、こがらしくんという不思議なお友だちがあそびにきました。こがら
しくんが入ってきたとたん、お部屋はひんやり。「ひゃあ、寒い！」。みんなは首を縮め
ました。

●少しの間

　「早くみんなと仲よくなってね」「はーい、先生」。こがらしくんが、手をあげたとた
ん、大変！　先生の机の上の折り紙が、ぱっと舞いあがりました。「こがらしくんは、
元気だね」。みんなびっくり。

●少しの間

　「ぼく、外あそびが大好き。ねえ、行こう」。こがらしくんに誘われて、あきくんもな
なちゃんも、みんなで庭に出ました。「わーい」。こがらしくんが駆け出すと、木の葉が
ぱらぱらいっぱい降ってきました。「わあ、きれい！　葉っぱの雨みたい！」。みんなが
葉っぱの上に転がると、次から次へとこがらしくんが降らす葉っぱの雨が落ちてきます。

　「ねえ、空に散歩に行こうよ」。こがらしくんとみんなが手をつなぐと、不思議！　先
頭のこがらしくんがひゅーっと空へ。あきくんたちも一緒にひゅーっと空へ。空を飛ぶ
のってすてき、すてき！　しばらく空を飛ぶと、みんなは庭に戻ってきました。「空の
散歩って楽しいね」「こがらしくん、すごいね」。みんなびっくり。

●少しの間

　するとこがらしくんが言いました。「ぼく、風の子なんだ。ちょっとみんなとあそび
たかったの。寒い国へまた帰るね」。こがらしくんはそう言うと、ひゅーっと空へ。

★手を振りながら

「また、あそぼうね。ばいばーい」。みんなが手を振ると、ひゅるるるるーん……と、こがらしくんは、口笛を吹きながら冷たい風を残して飛んでいきました。

おしまい

お話のポイント

・秋の末から冬の初めにかけて吹く強く冷たい風が木枯らしです。「木枯らし1号が吹きました」と、ニュースにもなりますから、そのころに話すと効果的です。

・ペープサートでこがらしくんを作ってお話の導入に使ってもよいでしょう。

〈導入例〉

“ビュー、ビュー”（絵人形を表・裏反転させながら）この子はこがらしくん。
“ビュー、ビュー……”あきくんという男の子の園に、こがらしくんという不思議なお友だちがあそびにきましたよ……。（絵人形を置いて話す）※型紙はP.96にあります。

71

落ち葉のふとん

野ネズミの家族はお日さまの当たった
ほかほか落ち葉を拾いに。心も一緒に温かくなります。

3歳児～ **2～3分**

原作／戸田和代

　もうすぐ、寒い冬。野ネズミのお母さんは、冬ごもりの支度で大忙しです。「えーと、パンは焼いたし、ストーブのお掃除も、パジャマの洗濯もしたわ。次は暖かいふとんを作らなくちゃ」。お母さんネズミはお父さんネズミと5ひきの子どもたちに言いました。「みんなで、お日さまがほかほか当たった落ち葉を拾いにいきましょう」。野ネズミの家族は森に出かけていきました。

●少しの間

　ところが、「あれれ、これぽっち？」。落ち葉は少ししか落ちていません。「せっかく落ち葉を集めにきたのに……」。リスさんたちは、がっかり。「落ち葉、ないかなあ」。ヘビさんもカエルさんも困った顔。みんな冬ごもりのふとんを作るために、落ち葉を集めに来たのです。「じゃあ、みんなで探しにいきましょう！」。お母さんネズミが言いました。

●間

　「あった！」。林の中の陽だまりに、大きな落ち葉の山がありました。「わーい、お日さまがいっぱい当たって、あったかそう！」。みんなはうれしくなって、落ち葉の山に飛び込みました。そのとたん、「痛い、痛い！」。どこからか大きな声。

★頭や体をさわりながら

　「痛いなあ……」。落ち葉の中にいたのはクマさんでした。「みんなに落ち葉を分けてあげようと思って集めていたら、気持ちがよくて眠ってしまったんだよ」「そうだったの。まあ、ごめんなさい！　でも、とってもうれしいわ。ありがとう！」。お母さんネズミはにっこり。

●間

　その夜、お母さんネズミは、クマさんから分けてもらった落ち葉で、家族のすてきなふとんを作りました。暖かくって、ふんわりして、落ち葉のいいにおい。そしてね、みんなが眠ったあとも、もうひと仕事。

●間

　残った落ち葉で、クマさんに枕を作ってあげたんですって。

おしまい

お話のポイント

・クマさんのやさしさ、お母さんネズミのやさしさを表現します。

・「みなさんは、冬ごもりを知っていますか？（子どもの反応を受けて）冬ごもりというのは動物たちがじっと巣にこもって過ごすことです」など、説明してみましょう。

・最後は余韻を残して終わりましょう。

五つのリンゴ

木に五つのリンゴ。リス、ウサギ、キツネ、クマが
やってきて食べました。残りの一つは……。

4歳児〜　**3〜4分**　　　　　　　　　　　　　　原作／山本省三

　にこにこ山のてっぺんのリンゴの木に実が五つなりました。すると、リスがやってきて、ぽちんと一つもぎました。そして、さくっ、さくさくっと丸かじり。「ああ、なんておいしいリンゴだろう」。もがれたリンゴは幸せでした。リスにとっても喜んでもらえたのですから。

●少しの間

　そのあと、ウサギがやってきて、リンゴを一つぶちっともぎました。ウサギは家に帰ると、リンゴをジュースにして、ごっくり、ごっくり飲みました。「まあ、とっても甘いわ」。もがれたリンゴは幸せでした。ウサギが、甘い、甘いとほめてくれたのですから。

●少しの間

　次の日、キツネがやってきて、また一つ、リンゴをぺちっともぎました。キツネはリンゴでジャムを煮ました。「ふんふん、うまーい。舌がとろけそうだ」。もがれたリンゴは幸せでした。おいしいジャムになれたのですから。

●少しの間

　今度はクマがやってきました。そして、やっぱりリンゴを一つ、ぺきっともぎました。クマは、それでリンゴパイを作りました。「わあ、いいにおい」。クマはうっとり。もがれたリンゴは幸せでした。すてきなリンゴパイに生まれ変われたのですから。

●少しの間

　さて、残ったリンゴは一つ。それは木のてっぺんになっていました。リンゴは誰かもぎに来るのを待っていました。待って、待って、待ちました。でも、そのうちに北風に

74

吹かれて、木からぽとりと落ちてしまいました。

　枯れ葉の上でリンゴは思いました。「誰かに食べてほしかったな」。やがてリンゴはしぼんで、真っ赤だった色も茶色になりました。そして冬が来ました。リンゴは深い雪の下にうずもれてしまいました。

●間

　それから何年かたちました。あのにこにこ山のてっぺんには、リンゴの木が2本立っています。大きな木と、小さな木。

★うなずきながら

　そうです。小さなほうは、北風に吹かれて落ちてしまったあのリンゴが、芽を出して育ったのです。リンゴの木になったリンゴは、今、幸せでした。おいしいリンゴの実を、これからいくつも実らせて、みんなに分けてあげることができるのですから。

●少しの間

　ほらほら、さっそく、誰かリンゴをもぎに来たみたいですよ。

おしまい

お話のポイント

・聞いている子どもたちの心に話の情景を描くつもりでていねいに語ります。
・みんなに喜んでもらえる幸せを伝えましょう。
・お話を楽しんだら、五つのリンゴの壁面飾りを作ってみてもよいでしょう。いつまでも幸福感を味わえます。

6話

ドアをたたくのは
　　　だあれ？

ドアをたたく音に外へ出てみると……。
不思議！　その度にカップやスプーンやお皿が……。

4歳児～　　**3～4分**

原作／岡 信子

　ヒュール、ヒュルルー。山に北風が吹き始めました。ほら穴の家で、子グマのまぐが、しょんぼりしていました。「今日は一人ぼっちだ。つまらないなあ」。
●少しの間
　そのとき、コト、コトン……。ドアをたたく音がしました。「誰だろう？」。
★ドアを開ける動作をしながら（以下同様に）
　ドアを開けると、まあ！　びっくり。そこにはカップが一つ転がっていました。見まわしても、誰もいません。「あれ、ドアをたたいたのはカップか」。まぐは口をとがらせてカップを拾うと、部屋のテーブルの上に置きました。
●少しの間
　少したつと、また、トン、トトン。「おや、さっきと違う音だ」。
　まぐがドアの外に出てみると、今度はスプーンが転がっていました。「あれ！　また変わったお客さんだ」。まぐはがっかりして、スプーンをまたテーブルの上に置きました。
●少しの間
　また少したつと、ゴトン、ゴトン……。またドアをたたく音です。外には今度は丸いお皿が落ちていました。まぐがまた、それをテーブルの上に置いたとき、ダンッ、ダダン！　これまでで一番大きな音です。まぐが急いでドアを開けると、そこにはお鍋とかご……。いいえ、お鍋とかごを持った仲よしのキツネさん、ウサギさん、シカさんが立っていました。
●間

　「カップとスプーンとお皿も持ってきたんだけど、途中から北風さんが運んでくれたの。うふふ……」と、シカさんが言いました。キツネさんは台所でお料理、ウサギさんはテーブルにお皿やスプーンを準備しています。

●少しの間

　カップにとろとろシチュー。お皿にサンドイッチとケーキも。仲よしのみんなでパーティーの始まりです。「北風さん、お手伝いありがとう。すてきなパーティーになったよ」。

●間

　外はまた北風がヒュルヒュール。でもまぐの家は、ほっかほっかといつまでも暖かでしたよ。

おしまい

お話のポイント

・ドアをたたく音と、ドアの外に何かが。このくり返しが、お話を聞いている子どもたちの『きっと何かあるよ』という期待感を高めてくれます。
　北風の吹く寒い日にピッタリです。

・『北風のくれたテーブルかけ』（ノルウェー民話）も話すことができますね。

眠くなんか　ないんだもん

冬ごもりのお母さんグマと、子グマのくんちゃんのお話。
春までどんなお話をしているのでしょう。

4歳児〜　**3〜4分**

原作／さえぐさ ひろこ

　クマたちの住む山に、雪が積もりました。「山も野原も白いおふとんをかぶったわ。さあ、春まで眠るのよ」。お母さんグマと子グマのくんちゃんはほら穴の中。お母さんはくんちゃんをだっこして、子守歌をうたいだしました。

★ゆったりとうたう

♪りーすさん　ねんころりん　へーびさんも　ねんころりん♪

　でも、子グマのくんちゃんはごそごそ、もぞもぞ。「ぼく、眠くなんかないんだもん。ぼく、もっとあそびたいな」「じゃ、何してあそびたいの？」。お母さんが聞くとくんちゃんは「かくれんぼ」。するとお母さんはちょっと考えてから言いました。「あらら、もうかくれんぼしてるのに？」「ええっ？　ぼくまだ隠れてないよ」「くんちゃんはこのほら穴に隠れてるでしょ」。くんちゃんはわくわくしてきました。

★わくわくした様子で

　「じゃ、誰がオニなの？」「それはお日さまよ」。お母さんが言いました。「じゃ、お日さまに見つからないようにしなきゃね」。くんちゃんが答えます。「そうね、タンポポさんも雪の下に隠れてじっとしているわ」。くんちゃんは、そよ風に揺れるのが好きなタンポポの子どものことを考えました。「動いたりしちゃ、だめだよ」。くんちゃんは、じっとしたまま言いました。「そうそう、お日さまはよく見ているもの」。だけど……。

　「ぼく、やっぱり眠くなんかないんだもん」「あらま、カエルさんも土の下に隠れて黙っているわ」。くんちゃんは、歌をうたうのが好きなカエルのことを考えました。「声を出しちゃだめだよ」。くんちゃんは小さな声で言いました。「そうそう、お日さまはよく聞いているもの」。

●少しの間

　「ねえ、かくれんぼはいつまで続くの?」。くんちゃんが聞きました。「小川の氷が解けて、チロロロロン、チルルルルンっていう音がしたら、かくれんぼはおしまいなの」と、お母さん。「ぼく、お日さまに言ってほしいなあ。『じょうずに隠れたわねえ。ずっと探したのに、ぜんぜん見つからなかったわ』って。だけど、ぼく……。ちっとも眠くなんかないんだ、むにゃ」。くんちゃんは、かすかにそう言うと、すうすう寝息を立てました。

●間

　お母さんもいつの間にか、くうくう、ぐうぐう。クマたちの住む山に雪は降り続いていますよ。

おしまい

お話のポイント

・お母さんの子守歌を♪りーすさんも　ねんころりん　へーびさんも
　ねんころりん　くーんちゃんも　ねんころりん♪と、
　うたってもよいでしょう。
・最後は余韻を残して終わりましょう。

8話

サツマイモ掘りの帰り道

イノシシくんが秋の味覚
「サツマイモ」のおいしさに改めて目覚めます。

4歳児〜　**3〜4分**

原作／山下美樹

　イノシシくんが、サツマイモ掘りに出かけました。「ブフフ。かごいっぱい採れたぞ。帰ったら、お母さんに料理してもらおっと。どんな料理がいいかなぁ」。

●少しの間

　帰り道、落ち葉でたき火をしているネコくんに会いました。「ネコくん、何をしているの？」「ちょっぴり寒くなってきたから、焼きイモを作っているところ」「焼きイモかぁ、おいしそう」「イノシシくんも食べてみる？」。イノシシくんは大喜び。

★焼きイモを食べる動作をしながら（以下同様に、それぞれ食べる動作をしながら）

　「ブホッ！　しっとり、ほくほく。とっても甘くておいしいね」。イノシシくんは、お母さんに焼きイモを作ってもらうことに決めました。

●少しの間

　ネコくんと別れてしばらく行くと、サルくんの家から、いいにおい。イノシシくんは思わずのぞき込みました。「サルくん、何を作っているの？」「おいしいお米が採れたから、イモごはんを炊いているところ」「イモごはんかぁ、おいしそう」「イノシシくんも食べてみる？」。イノシシくんは大喜び。「ブハッ！　もっちもちのごはんが、ほんのり甘くなって、おいしいね」。イノシシくんは、お母さんにイモごはんも作ってもらうことに決めました。

●少しの間

　サルくんと別れてしばらく行くと、キツネくんの家からも、いいにおい。イノシシくんは思わずのぞき込みました。「キツネくん、何を作っているの？」「しぼりたてのヒマワリ油で、イモ天ぷらをあげているところ」「イモ天ぷらかぁ、おいしそう」「イノシシ

くんも、食べてみる？」。イノシシくんは、またまた大喜び。「ブヒッ！　あっつあつの、さっくさく。おいひいねぇ」。イノシシくんは、お母さんにイモ天ぷらも作ってもらうことに決めました。

★イノシシくんのセリフを元気よく

　キツネくんと別れて、ようやく家が見えてきました。「お母さん、ただいまっ！　焼きイモと、イモごはんと、イモ天ぷら作って！」。お母さんは目を丸くしたけれど、ぜーんぶ作ってくれましたよ。「ブギュッ！　やっぱり、お母さんの料理が、世界で一番おいしいや」。イノシシくん、どれもこれも、ペロッとたいらげました。

●間

　サツマイモ掘りの帰り道、あんなにたくさんつまみぐいをしたのにね。

おしまい

お話のポイント

・イノシシくんがサツマイモ料理を食べる場面を、それぞれおいしそうに表現してみましょう。もちろん、お母さんのサツマイモ料理を一番おいしそうに。子どもたちもきっと食べてみたくなります。

9話 ドーナツころころ

子どもたちも大好きなおやつ、ドーナツ。
丸い形のイメージを共有して、お話を楽しみましょう。

5歳児〜　**4〜5分**　　　　　　　　　　　　　　　原作／塩田守男

今日は遠足です。みんな、大好きなおやつを持ってきました。けんちゃんはドーナツです。「みんなで一緒に食べようよ」。箱から出そうとしたとき、ドーナツころりん、続けてもう一個ころりん、と転がり出ると、そのままころころころりん転がって、森の中へ入っていきました。「ぼくのドーナツ、待てー」。けんちゃんたちは、追いかけました。

●少しの間

森の中では、動物たちが縄跳びをしてあそんでいました。そのとき、ころころころりん、転がってきたドーナツがタヌキちゃんのおしりにこっつんと当たって、止まりました。

★不思議そうに

「なんだ、これ？」。森の動物たちは、ドーナツを見るのは初めてです。「気をつけて。かみつくかもしれないよ」。みんなこわごわです。タヌキちゃんがそっとさわってみました。「ふわふわしてるよ」。

ネズミちゃんが言いました。「これ、ベッドだよ。そら、ぼくにぴったりでしょう」。そう言うとネズミちゃんは、ドーナツの穴に入って気持ちよさそうに寝転びました。

「違うわよ。これ、きっと帽子よ」。おしゃれなウサギちゃんは、ドーナツを頭にかぶっておすまし顔です。「違うよ。ぼく、人間がこうしてるの見たことあるよ」。カバちゃんは、ドーナツを2個、ひもで結んでメガネにしました。「あいたたっ」。どうやら砂糖が目に入ったみたいです。

●少しの間

「これを知らんのかね」。見ていたトカゲさんが言いました。「これは、フラフープと

言って、こうしてあそぶのさ」と、体をくねくね動かしてドーナツをまわしました。「わあ、おもしろそう！」と、リスちゃんがまねをして、まわそうとしました。でも、トカゲさんよりちょっと太めのリスちゃんは、ドーナツに体がはまって抜けなくなってしまいました。力持ちのカバちゃんがうんとこしょ、と引っ張ると……。

●少しの間

　すっぽーん！　ドーナツはちぎれて飛び散り、みんなの口に飛び込みました。「あまーい!!」。こんなおいしいものを食べるのは初めてです。みんな、ほっぺが落ちそうで、あわててほっぺを押さえました。

●少しの間

　ドーナツを追いかけてきたけんちゃんたちは、動物たちの様子をずっと見ていました。「あんなに大勢いるんだもの。2つでは足りないね」。そう言うと、残っていたドーナツも全部転がしました。ころころころりん、ころころころりん。ドーナツは転がっていきました。「けんちゃんにはぼくのお菓子を分けてあげるね」「私のもあげるわ」。お友だちが言いました。

●間

　けんちゃん、今度は落とさないように、みんなからもらったおやつをしっかり持って食べました。

おしまい

お話のポイント

・初めてドーナツを見た森の動物たちの反応が新鮮でゆかいです。聞いている子どもたちからも笑いが起こることでしょう。ジェスチャーを入れながら楽しく語りましょう。

10話

お父さんは
おまわりさん

げんきくんのお父さんはおまわりさん。遠足に行くバスの中で、交通事故の処理をしているお父さんを見つけます。

5歳児〜　**4〜5分**

原作／藤本四郎

　げんきくんのお父さんはおまわりさん。この前、げんきくんの通う、くりのみ園の交通安全教室にやってきて「信号が黄色になったら止まるんだよ」と、教えてくれました。「えへへ、ぼくのお父さんだぞ。かっこいいだろ」。お父さんはかっこよくて、げんきくんの自慢です。

●少しの間

　でも、お父さんの仕事は大変です。雨の日でも、夜中でも、大切な仕事があります。お休みの日、お父さんは朝になっても起きてきませんでした。「一緒に公園へ行こうって、約束したのに……」。げんきくんはつまらなそう。「昨日は大雨だったでしょ。川から水があふれそうになって、お父さんは夜遅くまで、川の近くの人を助けに行っていたのよ。また今度ね」と、お母さんが言いました。「ちぇっ、この前もそうだったじゃないか。つまんないなあ」。

●間

　それからしばらくたって、くりのみ園の遠足の日のことです。行き先は動物園。バスはげんきくんたちを乗せて、すいすい走ります。いろんな車が気持ちよさそうに走っていきます。「うわーい、トラックも、ワゴン車も走ってる」。「あっ、宅配便がやってくるよ」。バスの中は、もう大騒ぎ。ところがしばらく行くと、急にバスは止まってしまいました。「ねえねえ、どうしたの?」「バス、止まっちゃったよ」「前に車がつかえてるんだよ。どうやら、事故があったみたいだなあ」と、運転手さんが困った顔で言いました。パトカーの赤い光が見えてきました。おまわりさんもいるようです。バイクが転がって、やっぱり事故があったのです。

★指差しながら

　「あれ、お父さんだ！」。メモを取りながら、男の人と話をしているおまわりさんを指差して、げんきくんが叫びました。「うわあ、げんきくんのお父さん、かっこいいな！」と、お友だちが言いました。そのとき、お父さんがちょっと顔をあげてバスのほうを見たような気がしました。

●少しの間

　おまわりさんのピピーという笛で、バスは事故現場を通り抜けました。ちょっぴり遅れたけれど、無事に動物園に到着。げんきくんたちはサファリバスに乗って、たくさんの動物を見ました。

●間

　その夜、げんきくんとお父さんは一緒にお風呂に入りました。「今日ね、動物園に行く途中、お仕事しているお父さんを見たよ」。げんきくんはうれしそうにお父さんに言いました。「そうか。それで動物園はどうだった？」「ライオンっておもしろいんだ。お休みの日のお父さんみたいに寝ていたよ」。げんきくんは遠足の話をたくさんしました。お父さんはにこにこ笑いながら聞いていましたよ。

おしまい

お話のポイント　• • • • • • • • • • • • • • •

・素直で元気いっぱいのげんきくん。自慢のやさしいお父さんを表現しましょう。

・げんきくんの声は、自分の地声よりも少し高く・速く、お父さんの声は少し低く・ゆっくり語ると両者の変化が出ます。

• • • • • • • • • • • • • • •

10～12月

11話

不思議な箱

ペンギンたちの拾ったきれいな箱。
そりにして、つるつるすーいとすべっていたら……。

5歳児～   4～5分

原作／山本省三

寒い南極に暮らすペンギンたちが、氷の上できれいな箱を拾いました。「そりにしようよ」。ペンギンたちが箱に乗ると、つるつるすーい。すべること、すべること。ペンギンたちは楽しそうにつるつるすーい。みんなでかわりばんこに何度もつるつるすーい。箱はどんどんすべって、つるるつつーっ。気がついたら、海へぼっちゃーん。ペンギンたちは箱を追いかけて、慌てて海へ飛び込みました。けれども箱は、いつの間にか見えなくなってしまいました。

●間

空っぽの箱は、波に流され流され、やがて暖かい南の国の浜辺に着きました。通りがかったサルが、「あっ、これはちょうどいい。大好きな花が暑くて枯れそうなんだ」。サルは、箱で川の水をくんで、花にじゃばっとかけました。すると、花は今までよりずっとずっと元気になりました。そして、それは大きくて美しい花を咲かせました。「ききき、わーいわーい」。サルが喜んでいる間に、風が箱をふわっと運んでいきました。

●少しの間

箱は風に乗って、空を飛んで飛んで、お母さんゾウの頭の上にふわり。「あら、坊や見て。すてきな帽子よ」。お母さんゾウはなんだか楽しくなってきました。思わず足を踏み鳴らし、ずんたったずんたった。ついでに鼻も鳴らして、ぶおーっぶおーっ。

ずんたったずんたった、ぶおーっぶおーっ。その音を聞いて「わあ、楽しそうだね」と、ジャングルからたくさんの動物たちが飛び出してきました。

★子どもたちの反応を見ながら、2～3回くり返す

ずんたった、ぴょんこぴょんこ、がおがお、どんどこどん。キリンにシマウマ、カバ

にライオン、ヒョウもゴリラも踊ります。すると、鳥が箱をひょいとさらっていきました。でも楽しくて、誰も気がつきません。

●少しの間

それからそれから、箱は鳥の巣になったり、ネズミのお風呂になったり、ウサギの家になったりしました。そしていろいろな物になったあと、箱は雪道を歩いていた女の子に拾われました。ちらちら雪の舞う中、女の子が箱を開くと、中からいろいろな鳥や動物の楽しそうな鳴き声が歌のように聞こえてきます。

★ゆっくりと語る

「まあ、不思議で楽しいオルゴール」。聞いているうちに、女の子は体も気持ちもぽかぽかになりました。

おしまい

お話のポイント

・後半、お母さんゾウの帽子になり、お母さんゾウがうれしくなって踊り出す場面が、お話が大きく転換するところです。たくさんの動物たちが飛び出して踊る場面を楽しく表現しましょう。

12話

年越しそばを食べるわけ

大みそか、家族でそばやさんへ。
みきちゃんは席待ちの時間におじいちゃんに聞きました。

4歳児～ **4～5分**

原作／木暮正夫

　今日は大みそかです。みきちゃんが家族とおそばやさんへ年越しそばを食べにいくと、お店はお客さんでいっぱいです。席が空くのを待ちながら、みきちゃんはおじいちゃんに聞きました。「どうして大みそかには年越しそばを食べるの？」「うん、それはだねー」。おじいちゃんが話し始めました。

●間

　昔、旅のお坊さんが一人、年の暮れのある町にやってきたんだよ。ある家の前でお経を唱え始めると、やせた子どもを抱いたおかみさんが家から出てきて言ったんだ。「明日はお正月なのに、一切れのお餅も一粒のお米もありません。何もお坊さまに差しあげられなくて、ごめんなさい……」。おかみさんはそう言うと涙をこぼした。

●間

　気の毒に思ったお坊さんは、粉やさんへ行くと、自分の持っていたお金を全部使ってそばの粉をどっさり買った。そしてさっきの家に戻ると、そのそばの粉をお湯で練って『そばもち』をたくさんこしらえた。お坊さんはおかみさんに言った。「さあ、世直しそばをお食べなさい。来年はきっとよいことがありますよ」。

●少しの間

　すると『そばもち』を食べたみんなが、次々幸せに恵まれ始めた。そして『そばもち』を延ばして細く切っておつゆで食べると、つるつるしてさらにおいしい。「おそばは簡単に作れて値段も安い。体にもよいそうじゃ」と、たちまち評判になっていった。

　お店やさんでは、毎月最後の日に、店の主人が働く人たちを集めてそばをごちそうするようになった。「今月もよく働いてくれた。商売もそばのように、細く長くやってい

くことが大事なんだよ」と教え、このそばを『みそかそば』と呼ぶようになったんだ。

●間

「月の終わりに食べる『みそかそば』が広まって、今では1年の終わりの大みそかには年越しそばを食べて、幸せと長生きを願うんだよ」と、おじいちゃんが話し終えたとき、「お待たせしました。どうぞ、こちらへ」。みきちゃんたちは席に案内されました。

●少しの間

おじいちゃんとおばあちゃんは卵とじ、お父さんとお母さんとみきちゃんは天ぷらそば。みんなおいしくいただきました。

おしまい

お話のポイント

・おじいちゃんがみきちゃんに語って聞かせる話は、たんたんとした語りでよいでしょう。

・毎月の月末がみそか（三十日）、1年の最後12月31日が大みそかです。「大みそかに年越しそばを食べるのは、長いそばのように長生きできますように、という意味があるんだね」と、後話をつけて終わりにしてもよいでしょう。

かさじぞう

よく知られた日本昔話。おじいさんとおばあさんの
やさしさが、いつまでも心に響きます。

4歳児〜　　4〜5分　　　　日本昔話　再話／ささき あり

　むかしむかし、大層貧乏なじいさまとばあさまが暮らしておったそうな。明日はお正月というのに、食べるものもない。じいさまは笠をせっせとこしらえた。「笠を売ってお餅を買ってこようかのう」と、町に笠売りに出かけていった。

●少しの間

　町では市が開かれていた。お米や魚や野菜が次々に売れていく。じいさまは声を張りあげた。「笠やあ、笠はいらんかね」。けれども、笠はさっぱり売れなかった。じいさまはあきらめて、家に帰ることにした。

●少しの間

　しんしん雪が降る中を、じいさまは一人歩いていった。「おお、寒い。今夜は冷えそうだのう。……おや？」。道端に、雪をかぶったお地蔵さまが並んでおる。「お地蔵さま、寒いじゃろう。この笠をかぶってくだされ」。

★片手で雪を払い、両手で笠をかぶせる動作を入れながら

　じいさまはお地蔵さまの雪を払って、売り物の笠をかぶせていった。ところが、お地蔵さまは六人。笠は五つ。一つ足りなかった。じいさまは、自分の笠を取って、六人目のお地蔵さまにかぶせてあげた。「わしの笠で我慢してくだされ」。

●少しの間

　家に帰ってじいさまは言った。「寒そうにしているお地蔵さまがおったので、売れなかった笠をあげてしもうた」。ばあさまはにっこり。「よいことをしなさった。さあさ、暖まってくだされ」。

●間

　真夜中のこと。"よういやさ、よういやさ。よういやさ、よういやさ"と、どこからか掛け声が響いてきた。"笠をかぶせたじいさまはどこだ。笠をかぶせたじいさまはどこだ"。声がどんどん近づいて、ずずん、どすん。大きな音が鳴り響いた。

★戸を開ける動作をしながら

　びっくりしたじいさまとばあさまは、戸を開けた。するとまあ、お米に魚に野菜に、お金。どれもが、たんまり置いてある。「あんれ、お地蔵さまじゃ」。

★お地蔵さまのかけ声を徐々に小さくして

"よういやさ、よういやさ。よういやさ、よういやさ"。声を合わせてそりをひく、笠をかぶったお姿が雪の向こうに遠ざかっていったとさ。

おしまい

お話のポイント

・文語調で書かれていますが、子どもたちが聞きなれていない場合には口語調で語ってください。

・おじいさんとおばあさんの心の豊かさを子どもたちに伝えたいものです。

こびとのくつや

グリム童話の代表作の一つ。おじいさん、おばあさんと
こびとさんの心のこもった交流が……。

4歳児〜　**4〜5分**　　　　グリム童話　再話／岡 信子

　みんなが眠る夜中のこと。不思議なことが起こったんだって……。
●少しの間
　昔、貧しいくつやのおじいさんがいました。一生懸命、仕事をしていましたが、くつ
は売れません。とうとう、くつを作る皮が一足分しかなくなってしまいました。「仕方
がない。今夜は寝よう」。
●少しの間
　そして次の朝、くつやさんはびっくり！　「おばあさん、くつができているよ」「まあ、
誰が作ったのかしら？」。そこへ、お客さんがやってきました。「私にぴったりのくつは
あるかね」。くつやさんが、新しいくつを差し出すと、お客さんはとても気に入って、
高いお金でくつを買っていきました。
●少しの間
　おじいさんは、くつを売ったお金で新しい皮を買ってきました。すると、次の日も、
そのまた次の日も、朝起きると、ぴかぴかのくつができていました。
　「この店のくつははきやすいよ」「形もとてもすてきだわ」。店には、お客さんが次々
とやってくるようになりました。「ねえ、おじいさん、あのくつは一体、誰が作ったの
でしょうね」「夜中にこっそりのぞいてみよう」。
●間
　夜になると……、仕事場にこびとが現れて、うたいながらくつを作り始めました。
　♪ちくちく　ぬって　たたいて　とんとん
　　またまた　ぬって　たたいて　とんとん

ほーら　くつの　できあがり

★両手のひらを顔の横に立て、戸の陰からのぞくような動作をしながら

　その様子をそっと見たおじいさんとおばあさんは「なんて、親切でゆかいなこびとさんたちでしょう。お礼をしましょう」と、こびとたちの大きさにぴったりの服とケーキを仕事場に置きました。

●少しの間

　夜中、現れたこびとたちは飛びあがって大喜び！　「わーい、すてきなプレゼントだ！」「おいしいケーキもあるぞ」。

●間

　次の日から、こびとたちはもう現れませんでした。店はそれからも大繁盛。おじいさんとおばあさんは、ずっと仲よく幸せに暮らしました。

　　　　　　　　　　　　　　　　　　　　　　　　　　　　　　　　　おしまい

お話のポイント　・・・・・・・・・・・・・・・・・・・・・

・おじいさんとおばあさんの誠実な人柄を意識して語ります。

・こびとたちがうたう♪ちくちく　ぬって〜♪は、リズミカルに楽しくうたいましょう。

・・・・・・・・・・・・・・・・・・・・・

十二支のお話

十二支の始まり。ネコとネズミが仲の悪いわけ。
ネコが足をなめて顔を洗うわけなどがわかります。

4歳児〜　**4〜5分**　　　　　　世界名作　再話／岡本一郎

　むかしむかしのある年の暮れ。御殿に住む神さまが言いました。「動物たちよ。元日の朝、新年のあいさつに来なさい。1番から12番までに、やってきた者は1年間ずつ、動物の王さまにしてあげよう」。それを聞いた動物たちは大喜び。

●少しの間

　ところが、ぼーっとしていたネコは、「えーと、御殿に行くのはにゃんにちだったかな？」「それは新年の2日だよ」。通りがかったネズミが、わざとうそを教えました。

●少しの間

　いよいよ新年です。「わしは歩くのが遅いから、暗いうちに出かけよう」。まず最初に、ウシが御殿を目指してのっそりと歩き出しました。すると、ネズミはこっそりウシの背中にぴょん！　と乗りました。「ようやく御殿に着いたぞ。わしが1番乗りだ」。ウシがそう言ったとき……。「お先に失礼」と、ネズミがウシの背中からすばやく御殿の中に飛び込んだのです。「ネズミが1番！　ウシは2番！」。門番が叫びました。

　3番目に御殿に駆け込んできたのはトラ。4番目はウサギです。続いてヘビとタツがほとんど同時にゴール！　「うーん、タツがひげの分だけ先に出ておりますぞ。だからタツが5番！　ヘビは6番！」。7番目に走ってきたのはウマ。続いてヒツジが8番、サルが9番、ニワトリが10番。すると、神さまが言いました。「あとの者はだいぶ遅れているようだ。もう、門を閉めてよいぞ」。そのときです。

　「おーい、待ってー」「待ってくれー」。大慌てでやってきたのは、イノシシとイヌでした。「きゃーっ、ぶつかる！」。どっしーん！　かわいそうに、イノシシは閉まりかけていた門に衝突。そのすきにイヌが御殿に駆け込んで11番。「イノシシは最後の12番。

これで順番が決まったね」と、門番が言いました。

●少しの間

　それから御殿では、神さまと12ひきの動物たちの新年のお祝いが始まりました。「今年1年を、ネズミ年と呼ぶことにしよう」。最初の年の動物の王さまに選ばれたネズミを囲んで、楽しいお祝いは夜まで続きました。

●間

　さて、次の日。ネコが御殿にやってくると、門番が言いました。「新年の集まりに来ただって？　このねぼすけめ、顔を洗っておいで」。それを聞いてネコは気がつきました。「ネズミにだまされた！」。

●少しの間

　このときからなんですよ。「待てー！」。ネコがネズミを見ると追いかけるようになったのも……。そしてネコが顔を洗うように何度も顔をなでまわすようになったのも……。十二支の中にネコ年がないのもね。

おしまい

お話のポイント

・因果話（なぜなに話）です。話すのがむずかしそうに思うかもしれませんが、子・丑・寅・卯・辰・巳……と干支をしっかり覚えていれば、余裕をもって楽しみながら語ることができます。

p.70〜71

「こがらしくんがやってきた」

★演じやすい大きさにコピーして使用してください。

こがらしくん〈表〉

こがらしくん〈裏〉

1〜3月

のおはなし

1話 はいポーズ

お正月に家族全員が着物でおせちやお雑煮を
いただきました。記念写真でゆかとお兄ちゃんは……。

3歳児～ **2～3分**

原作／岡 信子

　お正月の朝、ゆかはお兄ちゃんの元気な声で目を覚ましました。「おめでとう、ゆか。ほら、これ見てごらん」「なあに、お兄ちゃん。あれっ、これ……」。枕元に着物が置いてありました。「お兄ちゃん、着てみようよ」「この穴に手が入るよ」。ゆかとお兄ちゃんは着物を着てみました。

★両手をひらひら動かしながら

　「あれ、ひらひら、ちょうちょみたい」。二人は着物を羽織って、ちょうちょのように飛びまわっていると、着物を着たおばあちゃんがやってきました。「あらあら、ちゃんと着てみましょう」。おばあちゃんに着物を着せてもらうと、ゆかは胸がわくわくしてきました。

●少しの間

　「あけましておめでとうございます」。着物を着せてもらって、二人はお父さんたちにあいさつをします。「あけましておめでとうございます」。おじいちゃんもお母さんもお父さんも、みんな着物姿で迎えてくれました。テーブルの上には、いつもと違うごちそうがいっぱい並んでいます。「今朝は、お雑煮とおせち料理よ」と、お母さんが言いました。

　「ちょっと待って、お母さん」。

★カメラで写すジェスチャーを入れながら

　お兄ちゃんはそう言うと、部屋からおまけでもらったおもちゃのカメラを持ってきて、おせち料理をぱちりぱちり。「お兄ちゃん、本当のカメラマンみたい」「本当？　大きくなったら、カメラマンになれたらいいなぁ。ゆかは、何になりたいの？」。お兄ちゃ

んがたずねると「うふふっ、内緒」と、ゆかははずかしそうに言いました。

●少しの間

　「一年の初めの記念に、みんなで写真を撮ろう」。おせち料理を食べ終えると、お父さんが言いました。お父さんがカメラを構えると、「さあ、二人ともはいポーズして！」。ゆかとお兄ちゃんはどんなポーズをしたと思う？（子どもたちの反応を受けて）

★二人のジェスチャーを入れながら

　もちろん、お兄ちゃんはおもちゃのカメラを構えてカメラマンのポーズ。ゆかはね……、うたって踊れるアイドルみたいなポーズをしましたよ。

おしまい

お話のポイント

・新年を迎えたゆかとお兄ちゃんの喜びを表現しましょう。

・お話のあとに「はい ポーズ」ごっこも楽しめます。ゆかやお兄ちゃんのように、自分のなりたいものをポーズで表現して、それを実際にカメラで写してもよいでしょう。

2話

ほっかほっか

山に雪が降って、急に寒くなりました。ふわふわの
やさしい毛のヒツジさんの考えたよいこととは……。

3歳児〜 **2〜3分**

原作／塩田守男

とんがり山に雪が降って、急に寒くなりました。でも、ヒツジさんはふわふわの毛がいっぱいであったかです。

★不思議そうに

「みんな、そこで何してるの?」。森のウサギさんやリスさんたちはぶるぶる震えていました。「あんまり寒いから、ここでじっとしていたの」「それは大変! ぼくの毛の中にどうぞ」。みんなはヒツジさんの背中にのぼると、ふわふわの毛の中にもぐり込みました。「わー、あったかい」。お布団みたいにあったかです。

●少しの間

「ハーハー、ハックション!」。ブタさんがくしゃみをしながらやってきました。「ブタさん、風邪ひきみたいだね。ぼくの毛の中にどうぞ」「わー、あったかーい」。ブタさんが入ると少し重くなって、ヒツジさんはちょっと大変です。

●少しの間

「ぶるぶる、がちがちがち」。歯を鳴らして寒そうにやってきたのはカバさんです。カバさんは凍えて声が出ません。ヒツジさんは言いました。「ぼくの毛の中に……どうぞ」。でもカバさんは大きすぎ重過ぎました。「わー、もうだめだー。つぶれちゃうよ!」。ヒツジさんは倒れてしまいました。「どうすればみんなであったかくなれるのかな……」。

●間

「そうだ!」。ヒツジさんはふわふわの自分の毛をかりました。そしてそれをマフラーにして、みんなにあげました。カバさんには大きなマフラー、ウサギさんには中くらい

のマフラー、リスさんには小さなマフラー……。これでもう、みんな寒くありません。ヒツジさんもまだまだ毛がいっぱいあるからへっちゃらです。「ヒツジさん、ありがとう」。みんなは、ほっかほっか、ほっかほっかになりました。

おしまい

お話のポイント ・・・・・・・・・・・・・・・

・ヒツジさんのやさしさをセリフの中に込めて語ってみましょう。

・ヒツジさんのふわふわの毛の中に入っている動物を想像する間が必要です。子どもたちの表情を見ながら間を測ります。

・ヒツジさんが、カバさん、ウサギさん、リスさんに大・中・小のマフラーをあげる場面は、首にかけてあげる動作を入れてみましょう。

101

3話

一緒にあそびたくて

節分の日、誰も鬼になりたがりません。
そこに「オニはぼくがやるよ」と、男の子が。

3歳児〜　**2〜3分**

原作／高畑ひろき

外は雪。今日は節分です。

●少しの間

家の中から、動物たちの声が聞こえます。「ぼくが豆まきするからオニになって」。タヌキくんが言いました。でもウサギさんは「いやよ」。ネズミくんも「ぼくだって」。せっかく、オニのお面を作って準備したのに、誰もオニになりたがりません。

●少しの間

すると……。「オニはぼくがやるよ」。毛糸の帽子をかぶった知らない男の子が窓からひょっこり顔を出しました。動物たちはびっくり。男の子が家に入ると、さっそく、豆まきが始まりました。

★豆をまく動作をしながら

「オニはそとー！」「オニはそとー！」「ひえー！　いたたた！」「オニはそとー！」「オニはそとー！」。動物たちはオニのお面をつけた男の子に豆をぽんぽんぶつけました。「痛いよー！」。男の子は悲鳴をあげて部屋の中を逃げまわります。「こうさん、こうさん。豆がこんなに痛いなんて思わなかったよ」。

●少しの間

帽子を脱ぐと、なんと男の子の頭に角が生えています。「ぼく、本当のオニなんだ。みんなと一緒にあそびたくて来たんだ」。

●少しの間

動物たちは「やっぱりね。だってきみ、真っ赤な顔しているんだもん。すぐにわかったよ」。そう言って笑いました。「さあ、オニくん、一緒にあそぼう」。豆まきはもう終

わりです。

●間

　みんなは外に出て、元気にたくさん雪あそびをしましたよ。

おしまい

お話のポイント ・・・・・・・・・・・・・・・・・・・・

・動物たちは最初からオニかもしれないと思いながら、仲間に入れてあげたんですね。
　動物たちのやさしさを表現しましょう。
・オニの子がクラスにあそびに来てくれたら何をしてあそびたいか、
　子どもたちと話しあってもよいでしょう。

ぽんことおひなさま

おひなさまと仲よしになったぽんこ。おひなさまとおだいりさまとのひな祭りがとっても楽しかったようですよ。

3歳児～　**2～3分**

原作／塩田守男

　子どもたちが帰って静かになった園に、子ダヌキのぽんこがやってきました。「どうしたのかな？　あんなににぎやかだったのに」。部屋の中をそーっとのぞいて見ると、おひなさまがいました。「わーっ、きれい」。ぽんこがきれいなおひなさまにぼーっとしていると、「あそびに来てくれたの？」と、部屋の中から声がしました。

●少しの間

　ぴょん！　ぴょん！　と、窓から飛び出してきたのはおひなさまとおだいりさまです。「よく来てくれたね。子どもたちが帰っちゃって、さびしかったよ」と、おだいりさまが言いました。「一緒にあそびましょう」と、おひなさまも言いました。ぽんこはうれしくなって言いました。「私のお家へあそびに来てくれない？」。

●間

　おひなさまはひし餅を持って、おだいりさまはあられを持って、ぽんこと一緒に山の上のぽんこの家に向かいます。おひなさまたちが歩くと、まだつぼみだった花が、ポッポッと咲き、ちょうちょも、ヒラヒラ飛びました。ぽんこはびっくりです。「おかあさーん。すてきなお友だちを連れてきたよ」「まあまあ！　よくいらっしゃいました」。ぽんこのお母さんは、めずらしいおひなさまとおだいりさまのお客さまに大喜び。ぽんこの妹や弟たちも集まってきて、ひな祭りが始まります。

●少しの間

　花の冠をつけて、みんな楽しくうたったり踊ったり。そうしているうちに、お月さまが出ていました。「もう、そろそろ帰るね」。おひなさまたちが言いました。

★手を振りながら

「また来てね。さようなら〜」。

●間

　園に帰ってきたおひなさまたち。おやおや、頭には花の冠。何だかとってもうれしそうにしていますよ。

おしまい

お話のポイント

・最後の「花の冠をつけて、みんな楽しく〜」の場面は、「うれしいひなまつり」（作詞／サトウ ハチロー　作曲／河村光陽）の歌をうたうと、より雰囲気が出ますね。最後は余韻を残して終わりましょう。

・お話を聞くことで、園に飾ってあるおひなさまを改めて観察するきっかけにもなりますね。

くまくまくんの不思議なカレンダー

くまくまくんが新しいカレンダーを買いました。
いったいどんなカレンダーでしょう。

4歳児〜　3〜4分

原作／戸田和代

　もうすぐお正月。くまくまくんはカレンダーを買いました。「いったいどんなのかな？」。めくってみたら、中は真っ白け。何にも書いてありません。「なーんだ、つまんない！」。

●間

　お正月がきて、くまくまくんはうさこちゃんと羽根つきをしました。うさこちゃんは、羽根つきがじょうず。なかなかじょうずにできないくまくまくんは、怒ってぷんのぷんのぷん。「もう、かーえる！」。

●少しの間

　ところが、家に帰ったら「あれれ！」。なんとカレンダーには、うさこちゃんと羽根つきをしてぷんぷん怒っているくまくまくんの怖い顔が描いてあるではありませんか。「変なカレンダーだな」と、くまくまくんは思いました。

●間

　次の日、くまくまくんは、ヤギおばさんの家に行きました。「くまくまくん、みんなでカルタしない？」「うん、いいよ」。お友だちと一緒にカルタを始めたくまくまくん。でも、カルタに負けてしまったくまくまくんは、ぷんのぷんのぷん。「もう、やーめた！」。

●少しの間

　ところが、家に帰ったら「あらら！」。なんとカレンダーには、今度はカルタ取りをして怒っているくまくまくんの怖い顔。

★怒ったような声で

　「もうこんなカレンダーいらないや！」。次の日、くまくまくんは怒ってカレンダーを捨てようとしました。でも、そのとき考えました。「待てよ、ここでぼくがにっこりしたら、どうなるのかな……？」。

●間

　その日、くまくまくんはお友だちと一緒にコマまわしをしたり、すごろくをしたり、楽しくあそびました。もちろん、ぷんのぷんのぷん、なんて怒りませんでした。そうしたら……。カレンダーには、くまくまくんのにっこり笑顔！

　「そうか、ぼくが笑うとカレンダーも笑った顔になるし、ぼくが怒るとカレンダーも怒った顔になるのか」。くまくまくんの不思議なカレンダー、これから一年、くまくまくんの笑った顔がいっぱい並ぶといいですね。

おしまい

お話のポイント

・日めくりカレンダーのペープサートを作って、お話をしても
　よいでしょう。
　※型紙はP.126〜にあります。

107

6話 まめっこまめた

けんたくんが公園で泣いているオニの子の、
まめっこまめたに出合います。まめたは……。

4歳児〜　3〜4分

原作／矢部美智代

　もうすぐ節分。節分にはみんなも豆をまきますね。お話に出てくる、けんたくんも、
みんなと同じように豆まきをしましたよ。
●少しの間
　豆まきをした次の朝、けんたが公園に行くと、木の上で泣き声が聞こえました。
★泣く動作をしながら
　「えーんえーん、くすん、くすん」。見あげると、木の上に小さな子どもが座っていま
す。「おーい、どうしたの？」。けんたが言うと、子どもはぴょんと飛び降りてきました。
●少しの間
　降りてきた子どもを見て、けんたはびっくり。その子ははだかんぼうで、トラの皮の
パンツをはいています。頭には小さな角もあります。「ぼく、けんた。きみ、だあれ？」
「ぼく、オニの子。まめっこまめた」。けんたは思わず聞き返しました。「まめっこまめ
た？」「うん、豆が大好きなの。でもぶつけられるのは嫌いだよ」。まめたは言いました。
けんたは昨日、豆まきをしたことを思い出して、ドキンとしました。
●少しの間
　「それで泣いていたの？　ごめんね、ぼくも豆まきをしたんだ」「ううん、違うの。ぼ
くね、豆をいっぱい食べていたら、仲間に置いていかれちゃったの」。まめたが言いま
した。「そうか、じゃあ、まめたは迷子なんだね。一緒に仲間を探してあげるよ」。ぴゅ
うう、ぴゅうう。けんたとまめたは風の中を歩いていきました。「まめた、寒そうだね。
ぼくのコート貸してあげる。手袋は半分ずつしようね」。けんたは右手に手袋、まめた
は左手に手袋。そして二人の余った手をつなぎました。「手をつなぐと暖かいね」「うん。

暖かくてうれしい」。

●間

　森の近くまで来ると、どすん、どすん、どすん。遠くから大きな足音が聞こえてきました。「おーい、まめたー。どこにいる」。まめたの仲間が探しにきたのです。「よかったね、まめた」「うん。けんたくん、ありがとう」。まめたはコートをけんたに渡すと、仲間のほうに駆け出しました。「まめたー。また来てね。豆、食べにきてね」。けんたがまめたに向かって叫びました。「あっ、手袋……」。まめたはけんたの手袋をつけたまま、行ってしまいました。でも「いいや！　まめたが、片方持っているんだ」。そう思うとけんたはうれしくて、気持ちがほかほかとしました。

おしまい

お話のポイント

・短い時間のふれあいでしたが、けんたとまめたの二人の間には確かな友情が芽生えました。その部分を子どもたちが感じてくれたらいいですね。

・まめっこまめたをみんなで絵にしてみたら楽しいでしょう。

7話 お花見します！

子グマのクルンがお花見のお知らせに。
でも、一人で行くのは初めてです。

4歳児〜 **3〜4分**

原作／矢部美智代

　子グマのクルンの家は山の上。いつもお日さまがぽかぽかして、どこよりも早く春が来ます。「もうすぐサクラが咲くわね」。ママが言うと、「よし、咲いたらお花見しよう」と、パパ。「わあっ、楽しみだな」。クルンは大喜びです。

●少しの間

　「クルン。山のみんなにお花見のお知らせをしてきてね」と、ママが言いました。「えっ？　ぼく一人で？」。クルンはいつもパパやママと一緒だったのです。「一人でちゃんと言えるかな」。クルンはちょっと心配そう。

●少しの間

　山をおりていくと、ウサギのおばあさんがぽつんと家の前に座っていました。「お花見のお知らせをしなくっちゃ」。クルンはそっと近寄ります。「あの、あの……」。クルンは小さい声で言ってみました。だけど、「だめ、だめ、だめ！　やっぱり恥ずかしいよ」。そのとき、おばあさんの声が聞こえました。「もうすぐ春だっていうのに、ひとりぼっちでつまらないね……」。クルンははっとしました。そして「あの、あのっ。さみしくないよ！」と、勇気を出して言いました。「え？」。おばあさんが振り返りました。

　「サクラが咲いたらお花見するの。おばあさんも来てください！」。クルンが思わず飛び出すと、「まあ、楽しそう。きっと行くわ！」。ウサギのおばあさんはとってもうれしそうに笑いました。おばあさんの笑顔を見たら、クルンはうれしくって勇気がむくむくわいてきて……。

★口に両手をかざして大きな声で

　「サクラが咲いたらお花見しまーす。山の上でお花見しまーす。みんな、来てくださ

ーい！」。クルンは山のみんなに聞こえるように、大きな声で叫びました。それからクルンは、みんながお花見に来てくれるか、毎日そわそわ、どきどき。

●間

　そしてとうとう、サクラが満開になりました。「クルン、お知らせありがとう」。山のみんながやってきました。「まあまあ、本当ににぎやかだこと」。ウサギのおばあさんも来ました。「クルン、誘ってくれてありがとう。これはお礼のプレゼント。春のクッキーを作ったの！」。バスケットにはサクラの花びら入りのクッキー。「わあっ、ありがとう！」。さあ、お花見の始まりです。みんなとっても楽しそうでしたよ。

おしまい

お話のポイント

・クルンの不安なところ、少し自信がもてたところ、勇気がわいてきたところと、メリハリをつけて語ってみましょう。
・園のサクラもお花見できたら楽しいですね。

111

8話 雪の日のシチュー

寒い雪の日に、ネズミの子は苦手なニンジンを克服します。
きっかけは……。

4歳児～　**3～4分**

原作／深山さくら

　冬の寒い日のお話です。

●少しの間

　ネズミの子とウサギの子が広場であそんでいると、空からチラチラと白いものが落ちてきました。「あ、雪！」。ウサギの子が言いました。「積もったら雪だるまを作ろうよ」と、ネズミの子。でも、ビュービューと風も吹いてきたので、二人とも「くちゅん！」「くしゅん！」と、すっかり体が冷えてしまいました。

●少しの間

　「帰ろう、ウサギちゃん。また明日あそぼう」「そうだね。おなかもぺっこぺこ。今日のうちのごはん、シチューなの。シチューのニンジンって甘くておいしいよね」。ウサギの子が言うと、ネズミの子はびっくり！　「ニンジンっておいしいの？」「うん。それに栄養もいっぱいでじょうぶな体になるって、ママが言ってた」「ふーん……」。ネズミの子はニンジンが苦手でした。

●間

　「ただいま！」。ネズミの子が玄関を開けると、ぷーんといいにおい。ネズミの子のうちもシチューでした。「寒かったでしょ。体が温まるわよ。さあ、召しあがれ」。ママがよそってくれたお皿の中には、ジャガイモの陰に隠れて小さなニンジンが一つ。「甘いのかな？　おいしいのかな？」。ネズミの子はお皿を見てじっと考えていましたが、ニンジンをスプーンですくうと、口の中にえいっ！

★実感を込めて

　「……本当だ。甘くておいしい！　ウサギちゃんが言った通りだ」。おかわりして、お

なかいっぱい食べました。「ねえ、ママ。明日、雪だるま作れるかな？　ウサギちゃんと約束したんだ」。ネズミの子が眠ったあと、ママは明日のために小さな手袋とマフラーを用意しました。外はしんしんと雪が降り続いています。

　明日はきっと大きな雪だるまを作ることができますよ。

おしまい

お話のポイント ・・・・・・・・・・・・・・・・・・・・・・・

・お話が終わったあと、「ニンジンを食べると、風邪に負けない力がつくそうですよ。
　お話のネズミさんみたいに勇気を出して食べてみると、おいしいかもしれませんね」
　などと、話してみましょう。
・ニンジンの好きな子に、どこが好きなのか聞いてみるのもよい
　でしょう。ニンジン嫌いな子の刺激になります。

日曜日はキツネ園

はあちゃんは日曜日に自分が通っている園の近くを
通りました。そこで目にしたのは……。

5歳児〜 **4〜5分**　　　　　　　原作／こわせ たまみ

　そよかぜ園は山のはらっぱに建っている、はあちゃんたちの園です。日曜日、あそび
に出かけたはあちゃんは、そよかぜ園の近くを通りがかりました。「私、日曜日に園に
来るのって初めて。園長先生、いるかな？　びっくりするかな？　お休みの日の園は、
きっと静かね」。

●間

　ところが、まあ！　園の庭はにぎやか、にぎやか。「あれっ、私、お休みの日を間違
えちゃったかな？」。けんちゃんがいる。こうちゃんがいる。さっちゃんも、ゆみちゃ
んも、なっちゃんもいる。友だちがみんな、すべり台を囲んで、大騒ぎをしています。
「どうして？」と、思ったとき、またびっくり。「わあっ、私もいる！」。今、すべり台
のてっぺんからすべりおりたのは確かに、はあちゃんです。

●少しの間

　「やだあ！」。はあちゃんは大きな声をあげようとしました。すると、「しーっ！」。誰
かがはあちゃんの肩を押さえました。「あっ、園長先生！」「うふふっ、びっくりしたで
しょう。もう少し、だまって見ていてごらん。あの子たちが誰だかわかるからね」。園
長先生はすべり台のほうを見ながら言いました。すべり台では、誰かがおりるたびに、
「わあっ！」という楽しそうな声が響きます。ところが、あれえっ？　何か変です。誰
かが変です。

●少しの間

　よく見ると、夢中であそんでいるけんちゃんが、こうちゃんが、さっちゃんが、いつ
の間にかキツネの子どもに変わっていました。ゆみちゃんも、なっちゃんも、見ている

うちにふっとキツネに……。

　「ねっ、キツネの子どもたちもはあちゃんたちのように、園の庭であそびたくてああしてやってくるのよ」。園長先生が言いました。「いつも来るの？」「そう。日曜日になると、いつもね。ほら、夢中になってあそんでいると、気がつかないの……」。園長先生が、笑いながら言いました。

●少しの間

　そのとき、雨がぱらぱらと降ってきました。「ああっ、雨だ！」。すると今まであそんでいたキツネたちがそろってうたい出しました。

♪おてんきあめ　ひでりあめ　きつねのよめいり　こーんこん♪

　キツネの子どもたちは、うたいながら園の門から外に出ました。そして、ちらちら木の陰に消えていきました。

　はあちゃんは、キツネたちがしていたように、とことことこっとすべり台のてっぺんにのぼってみました。「あっ、園長先生、きれいな花」。いつの間に置いたのか、すべり台の上にリンドウの花が1本置いてありました。はあちゃんは、リンドウの花を園長先生に渡しながら言いました。「私、今度、日曜日にもきっと来る。そしてキツネさんたちとあそぶんだ」。

おしまい

お話のポイント

・はあちゃんと園長先生が立っているのは園庭の柵の外、キツネの子どもたちがあそんでいるのは園庭の中です。その距離を意識して語るとよいでしょう。臨場感が出ます。

10話 花の電車のお客さま

子どもたちの電車ごっこの電車に、
お客さんとして乗ったおばあさんは？

5歳児〜　**4〜5分**　　　　　原作／こわせ たまみ

　春が来て、レンゲソウの花が畑一面に咲きました。はなちゃんとなっちゃんと、ようちゃんとけんちゃんが花を摘んでいます。「いっぱい摘んで何作ろう？」「つないで、つないで、首飾りを作ろう」。みんなの上をひらちょうちょうが飛んでいきました。「もっともっとつないで、何しよう？」「長くつないで、電車ごっこしよう！」。みんなはレンゲソウを長くつないで電車ごっこを始めました。

♪でんしゃごっこごっこ　カッタタタターン　はっぱのきっぷを　はい　はいけん
　おのりは　おはやく　カッタタタターン♪

●少しの間

　はなちゃんたちがレンゲソウの畑をひとまわりしたときです。「おや、乗せてくれるのかい。森の入り口までお願いだよ」。大きなかばんを持った、見たこともないおばあさんがにこにこ笑って言いました。「うん、乗って乗って！」「このかばん、ぼく持ってあげるね」。みんなはおばあさんを真ん中に乗せると、畑のあぜ道を走り出しました。「カッタンターン、特急電車です。森の入り口まで止まりません」。

♪でんしゃごっこごっこ　カッタタタターン　てっきょうてっきょう　はい　つうか
　ちょうちょも　いっしょに　カッタタタターン♪

　「終点、森の入り口駅！」「おや、もう着いたのかい？　花の電車は速いねえ。はい、切符」。おばあさんはなっちゃんにやわらかい緑の葉っぱを渡すと、すたすた山道を登り始めました。

●少しの間

　「あっ、忘れ物……。おばあさん！」。かばんを忘れたおばあさんを追いかけていった

はなちゃん。ところがころんと転んでしまいました。「あいたたたあ」。すると……。「あれっ？」「あらっ？」。なんと転んだ拍子にふたが開いてしまったかばんから、ふわりふわりと、春風と一緒に春の花が飛び出していきました。ようちゃんが、慌ててかばんのふたを閉めました。「おや、大事な荷物を忘れてた……」。おばあさんが笑いながら戻ってきました。「みんなありがとうよ。さようなら」「さようなら！」「ねえ、あのおばあさん、誰だと思う？」。おばあさんと別れたみんなは不思議そう。

●間

　次の日、またレンゲソウの花を摘みにきたみんなはびっくりしました。ふっと山のほうを見ると、山の上まですっかり春になっていたからです。「昨日はまだ雪が残っていたのに」「きっと昨日のおばあさんが春にしてくれたんだね。あのおばあさんは……」。はなちゃんが言うと、みんなはそろって答えました。「は・る・の・お・ば・あ・さ・ん！」とね。

おしまい

でんしゃごっこのうた

作詞／こわせ たまみ　作曲／早川史郎

かわいらしく　いそがないで　♩=92 くらい

でん　しゃ ごっこごっこ　カッタタ タターン　　はっぱ のきっぷを

はなしかけるように

はい　はい けん　　おのりは お　は やく　カッタタ タターン

お話のポイント

・「でんしゃごっこの うた」はお話の大切なアクセント。子どもたちの気持ちになってうたいましょう。

おせちなるほど物語

おせち料理にはそれぞれ意味があります。
お話で子どもたちに伝えましょう。

4歳児～ 　4～5分　　　　　　　　　　原作／すとう あさえ

　お正月、みなさんはおせち料理を食べましたか？　今日はお正月におせち料理を食べるようになったわけをお話しします。

●少しの間

　昔、年神さまが海の神、畑の神、山の神を呼んで言いました。「一年の始まりを人々と祝いたいものだ。よい年になるようめでたい食べ物を探してきておくれ」。

●少しの間

　海の神は、海に行きました。海では漁師がちょうど、ニシンを釣りあげたところでした。「おっ、卵がいっぱい入っている。うちにも赤ん坊が生まれるかもしれないぞ」。漁師は大喜びです。見ていた海の神はにっこり。「なるほど、なるほど」。

●少しの間

　畑の神は、もちろん畑へ。豆畑では、おじいさんが一生懸命に働いていました。一緒に働いている若者がおじいさんに聞きました。「じいさん、すごいなあ。なんで休まないで、そんなに働けるんだ？」「そりゃ、毎日、豆を食べているからさ。豆は栄養満点。元気の素さ」。それを聞いた畑の神はにっこり。「なるほど、なるほど」。

●少しの間

　山の神は山へ。山では親子がクリを拾っていました。「母ちゃん、クリはゆでるとほくほく、おいしいね。色も金色、きれいだね」「そうね。クリの金色は宝物の色。たくさん食べると、お金持ちになれるかもしれないね」。それを見ていた山の神はにっこり。「なるほど、なるほど」。

●間

　海の神、畑の神、山の神は、また年神さまのところへ集まりました。海の神が持ってきたのはニシンの卵、数の子です。「卵の数ほど、たくさんの子どもが生まれます」。畑の神は黒豆。「毎日、元気に働けます」。山の神はクリ。「金色のお金が、ほくほく貯まります」。年神さまはうれしそうにうなずきました。「どれもめでたい！　すべて一年の始まりのごちそうに入れることにしよう」。三人の神さまは、ほかにもいろいろとめでたい食べ物を探してきました。そして一年の始まりに、新しい年の幸せを願うおせち料理となりました。

おしまい

お話のポイント

・おせち料理には様々な意味が込められています。

　野菜の煮物…いろいろな野菜を一緒に煮て作ることから、家族が仲よく過ごせますように。

　昆布巻き…喜ぶの意味。

　だて巻き…巻物のような形。今年もたくさんのことが勉強できますように。

　タイ…めでたいの意味。

　田作り…昔、小魚を田んぼの肥料にしていた。そのことから米がたくさん取れますように。

　……などがあります。子どもたちにも伝えていきましょう。

119

12話

オニは外 ふくは内

節分の豆まきは子どもたちにとって楽しい行事の一つ。
豆まきの由来がわかります。

4歳児〜　**4〜5分**

日本昔話　再話／木暮正夫

　もうすぐ節分。豆まきをしますね。今日はどうして豆をまくようになったかお話します。

●少しの間

　昔、ある年のことです。日照りが続いて、このままでお米が取れそうにありません。「誰でもよいから雨を降らせてくれんかなあ。降らせた者には一人娘のおふくを嫁にやるだが……」。お百姓の夫婦が田んぼでそんな話をしていると、オニが山から駆けおりてきました。

★少し低めの力強い声で

　「今言ったこと、本当だろうな。よし、おれが引き受けた」。

　オニは次の日から雨を降らせて、村中の田んぼを日照りから救いました。おかげで秋にはお米がどっさり取れました。「稲刈りの仕度を始めよう」。お百姓の夫婦が喜んでいると、オニがやってきました。「約束を忘れてはいないだろうな。明日、おふくを一人で山へよこせ」。約束を破ればオニが暴れて、村がめちゃくちゃにされてしまいます。

●少しの間

　おふくは仕方なくオニのところへお嫁に行くことに決めました。すると、母親がおふくにナノハナの種をたくさん持たせて送り出しました。「途中の道の端に、これをまきながら行くんだよ」。おふくは言われた通りにしながら、山道をとぼとぼ登っていきました。

●間

　冬が過ぎて雪も解けて春になりました。オニがどこかに出かけたので、おふくが山の

ふもとをながめると、「まぁ、きれいなナノハナ！」。来るときにまいたナノハナが、村の近くまで咲き並んでいます。おふくは急に母親に会いたくなりました。逃げ出すなら今しかありません。急いでナノハナの道をたどって、村へ帰っていきました。

●少しの間

　山奥から戻ったオニは、おふくがいないことに気がつくと、たちまち山を駆けおりました。そしておふくの家の戸をドンドンとたたいて、「おふくを返せえ！」と、わめきたてました。おふくを助けたい母親は、戸の隙間からいり豆を投げて言いました。「この豆をまいて花を咲かせ、それを持ってきたらおふくを渡そう」。

●少しの間

　オニは山へ帰ると、さっそく炒り豆をまきました。ところが豆は芽も出しません。「変だなあ……」。次の年も、その次の年も、オニはおふくの母親から炒り豆をもらってまき続けました。何年まいても同じです。オニはとうとうあきらめたのか、村に来なくなりました。

●間

　炒り豆がオニを寄せつけないとわかって、おふくの家では節分には毎年、災い除けに「オニは外、ふくは内！」と、炒り豆をまくようになりました。節分の豆まきはこうして始まったと言われています。

おしまい

お話のポイント

・炒った豆は畑にまいても芽が出ません。母が子を思うとっさの知恵からこの風習が生まれたことになりますね。

13話

身代わりになった
おひなさま

ひな祭りにおひなさまを飾って女の子の成長を祝い、
無病息災を願う、そのいわれです。

4歳児～　**4～5分**

原作／吉沢和夫

　今年もおひなさまを飾りましたね。今日は、どうしておひなさまを飾るようになった
のかをお話します。

●少しの間

　昔、ある男の人が雨に降られて、神社のお宮の縁の下で雨宿りをしていました。する
とお宮の中から声がしました。「クスノキの神さま、村の女の子は生まれたかな」「うん、
生まれた。だが、かわいそうな女の子なのだ」。話しているのはクスノキの神さまとお
宮の神さま。「なんでかわいそうなんじゃ」と、お宮の神さまが聞きました。「それだが
の、あの女の子は3つの年の3月3日におぼれて死んでしまう運命なんじゃ」「なんとか
助かる工夫はないものか……」「あるにはあるが……。また明日の晩に来るわの」。そう
言ってクスノキの神さまは帰っていきました。

●少しの間

　話を聞いていた男は雨宿りどころではありません。なぜって今日にも、自分の子ども
生まれるところだったのです。急いで家に帰ってみると、ちょうど女の子が生まれたと
ころでした。女の子は、かよと名づけられました。

●間

　神さまたちの話が気になった男は、次の日の晩、お宮の縁の下に入って、神さまたち
が来るのを待ちました。やがて昨日と同じ声が聞こえました。「さて昨日の話だが、ど
うやったら女の子は助かるんじゃ」。お宮の神さまがたずねると、「それはのう、3つの
年の3月3日に女の子に、紙でこしらえた人形の体をなでさせて、ふっと息を吹きかけ
させてから、川へ流すのじゃ。そうすれば人形が女の子の代わりに災いを背負って流れ

ていってしまうので、女の子は助かるのじゃよ」。男は家へ帰ると誰にもこの話をしないで、かよが3つになるのを待つことにしました。

★なでたり、息を吹きかけたりする動作をしながら

　そしてとうとう、3つの年の3月3日がやってきました。男はかよに、紙人形の体をなでさせてから、ふっと息をふきかけさせました。紙人形は川へ流されて、どこまでもどこまでも流れていきました。それからかよは、元気に育っていきました。

●間

　こうして3月3日の桃の節句には、紙人形を水に流して女の子が健康に育つことを願うようになりました。そして何年も時が経って、紙の人形から飾る人形に代わるようになりました。でも女の子の健康を願う気持ちは同じです。

おしまい

お話のポイント

・子どもたちにはわかりにくい言葉も出てきますが、前後のつながりからから理解してくれます。お話を聞いていて「○○ってなあに？」と質問が出たら、説明してあげましょう。

14話 フクロウの染物や

昔、カラスの体は真っ白だったそうです。それがどうして真っ黒くなったのか？　ユニークに説明する昔話です。

4歳児〜　**4〜5分**　　　　日本昔話　再話／吉沢和夫

　みなさんはカラスを見たことがありますか。（子どもたちの反応を確かめて）そう、カラスは黒っぽい体の色をしていますね。どうしてそんな色になったのかお話します。

●少しの間

　昔々、フクロウが染物やをしていたことがありました。カワセミだの、キジだの、ホトトギスだの、いろいろな鳥たちがやってきては、羽やしっぽをきれいな色に染めてもらいました。

●少しの間

　ある日のこと、1羽のカラスがやってきました。カラスの毛は真っ白で、つやつやしています。「フクロウどん、フクロウどん。おらのこの真っ白な毛を森中のどの鳥よりもきれいな色に染めてくれんか」「よしきた」。フクロウはさっそく、紫と赤を使って染め始めました。「うーん。黄色が入ったほうがいいな」。カラスが注文をつけます。フクロウはもう一度、染め直すことにしました。

　フクロウはカラスの言う通り、紫と赤と黄色を使って染め始めました。「うーん。金色と銀色がほしいな」。また、カラスが注文をつけました。フクロウはまた染め直すことにしました。

　フクロウは紫と赤と黄色と金と銀のごたごたした色にカラスを染めあげました。「うーん」。またまたカラスが言い出しました。

★怒った声で

　「なんだ。まだ気に入らんのか。そんなら、今度はどんな色を入れるのかね」。フクロウが怒って言いました。ああでもない、こうでもない、カラスは勝手なことばかり言っ

て、ちっとも「これでいい」とは言いません。

「ええい、めんどうだ。こうしてやる！」。ジャボーン！ とうとうフクロウは、真っ黒な染め壺の中にカラスを逆さにして突っ込んでしまいました。

●間

ざばさばざーっ。染めつぼの中から引きあげられたカラスは、体中真っ黒けのけ。「なんだ、これは。こんなに真っ黒けにしろと、誰が言った！」。怒ったカラスがギャーギャー言って、フクロウにかみつきました。「元の真っ白な毛に戻せ！」。

●少しの間

たまりかねたフクロウは、染物やをやめて逃げ出しました。うっかりカラスにつかまったら、何をされるかわかったものじゃありません。それでフクロウは、昼間は森の木陰に隠れていて、夜、カラスが寝てから飛んだり鳴いたりするようになったんですって。

●少しの間

でも、染物やをやっていたころのくせが抜けず、明日の天気が気になってしょうがないようです。それで「晴れになるな」と、思うと「のりつけほーせ。のりつけほーせ」。「雨になるな」と、思うと「とりこめ。とりこめ」と、今でも鳴くんですって。

おしまい

お話のポイント

・お話の結末を、「昼間は森の木陰に隠れていて、夜、カラスが寝てから飛んだり鳴いたりするようになったんですって」で終わりにしてもよいでしょう。

p.106～107

「くまくまくんの不思議なカレンダー」

★演じやすい大きさにコピーして使用してください。

カレンダー〈表〉

カレンダー〈裏〉

くまくまくんA〈表〉

126

くまくまくんB〈表〉

くまくまくんB〈裏〉

くまくまくんA〈裏〉

編著者紹介

阿部 恵

道灌山学園保育福祉専門学校保育部長・道灌山幼稚園主事。
現場の経験を生かして幅広く活躍。
全国で講演会・研修会をおこない、保育月刊誌にも多数連載。

- 原作 ················ 阿部 恵　板橋敦子　岡 信子　岡本一郎　木暮正夫　さえぐさ ひろこ
　ささき あり　塩田守男　すとう あさえ　高畠ひろき　戸田和代
　なわの しずえ　長谷川弓子　藤本四郎　正岡慧子　間部香代
　光丘真理　宮下真理　深山さくら　むらい きくこ　百瀬洋子
　やすい すえこ　矢部美智代　山下美樹　山本和子　山本省三　吉沢和夫

- 表紙イラスト ········ たちもと みちこ（colobockle）

- 中面イラスト ········ 石川えりこ
　いなのべ いくこ　たちもと みちこ（colobockle）
　中沢正人　みや れいこ

- デザイン ············· 嶋貫陽一（グリーンエレファント）
　明昌堂株式会社

- 編集 ·················· 大場弥生

子どもの聞く力を伸ばす
みじかいおはなし56話

2013年10月1日	初版発行©
編著者	阿部 恵
発行人	竹井 亮
発行・発売	株式会社メイト
	〒114-0023　東京都北区滝野川7-46-1　電話03-5974-1700（代）
製版	明昌堂株式会社
製版・印刷	光栄印刷株式会社